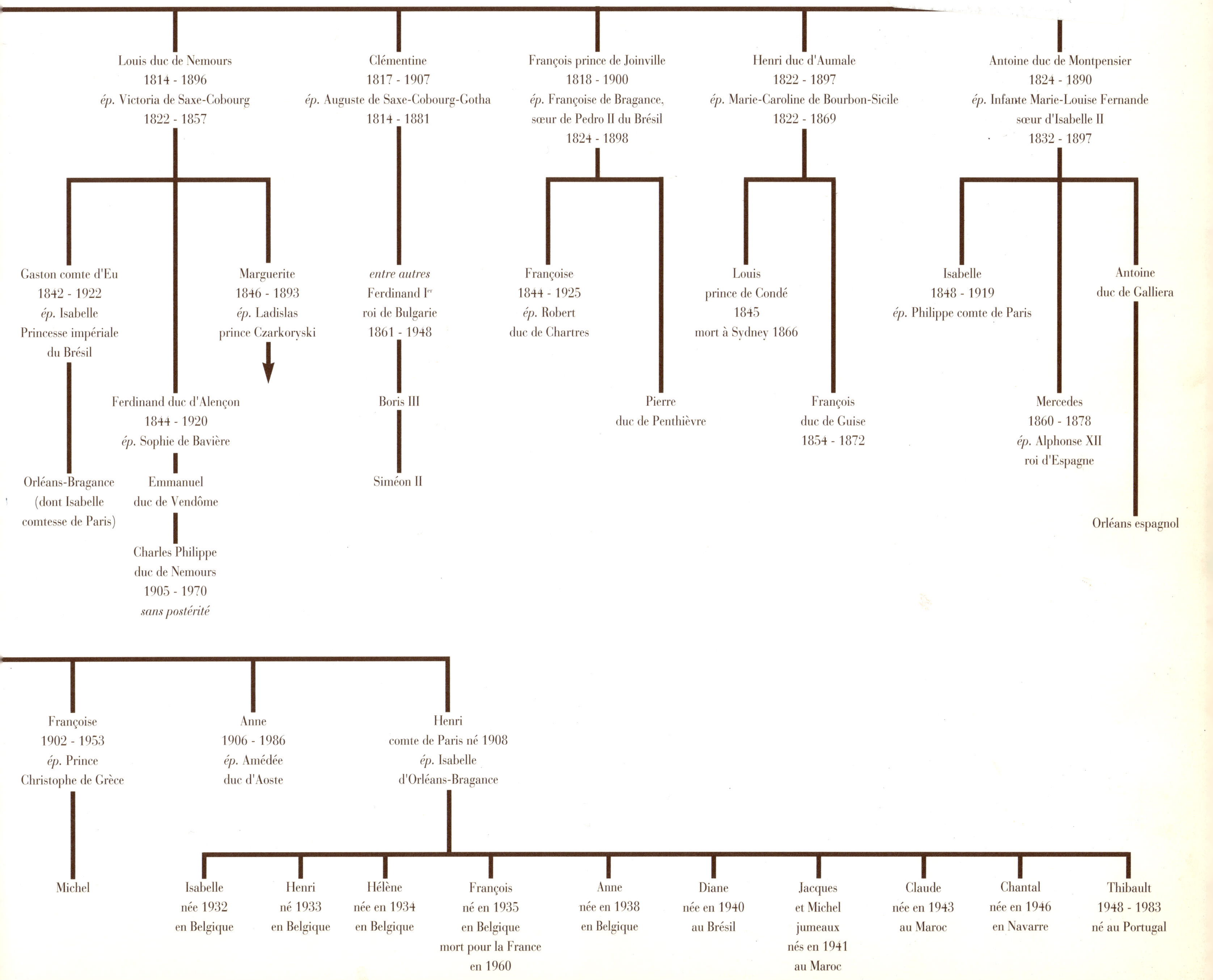

```
├── Louis duc de Nemours
│   1814 - 1896
│   ép. Victoria de Saxe-Cobourg
│   1822 - 1857
│   ├── Gaston comte d'Eu
│   │   1842 - 1922
│   │   ép. Isabelle
│   │   Princesse impériale
│   │   du Brésil
│   │   │
│   │   Orléans-Bragance
│   │   (dont Isabelle
│   │   comtesse de Paris)
│   │
│   └── Marguerite
│       1846 - 1893
│       ép. Ladislas
│       prince Czarkoryski
│       │
│       Ferdinand duc d'Alençon
│       1844 - 1920
│       ép. Sophie de Bavière
│       │
│       Emmanuel
│       duc de Vendôme
│       │
│       Charles Philippe
│       duc de Nemours
│       1905 - 1970
│       sans postérité
│
├── Clémentine
│   1817 - 1907
│   ép. Auguste de Saxe-Cobourg-Gotha
│   1814 - 1881
│   │
│   entre autres
│   Ferdinand Iᵉʳ
│   roi de Bulgarie
│   1861 - 1948
│   │
│   Boris III
│   │
│   Siméon II
│
├── François prince de Joinville
│   1818 - 1900
│   ép. Françoise de Bragance,
│   sœur de Pedro II du Brésil
│   1824 - 1898
│   │
│   Françoise
│   1844 - 1925
│   ép. Robert
│   duc de Chartres
│   │
│   Pierre
│   duc de Penthièvre
│
├── Henri duc d'Aumale
│   1822 - 1897
│   ép. Marie-Caroline de Bourbon-Sicile
│   1822 - 1869
│   │
│   Louis
│   prince de Condé
│   1845
│   mort à Sydney 1866
│   │
│   François
│   duc de Guise
│   1854 - 1872
│
└── Antoine duc de Montpensier
    1824 - 1890
    ép. Infante Marie-Louise Fernande
    sœur d'Isabelle II
    1832 - 1897
    ├── Isabelle
    │   1848 - 1919
    │   ép. Philippe comte de Paris
    │   │
    │   Mercedes
    │   1860 - 1878
    │   ép. Alphonse XII
    │   roi d'Espagne
    │
    └── Antoine
        duc de Galliera
        │
        Orléans espagnol
```

```
├── Françoise
│   1902 - 1953
│   ép. Prince
│   Christophe de Grèce
│   │
│   Michel
│
├── Anne
│   1906 - 1986
│   ép. Amédée
│   duc d'Aoste
│
└── Henri
    comte de Paris né 1908
    ép. Isabelle
    d'Orléans-Bragance
    ├── Isabelle née 1932 en Belgique
    ├── Henri né 1933 en Belgique
    ├── Hélène née en 1934 en Belgique
    ├── François né en 1935 en Belgique mort pour la France en 1960
    ├── Anne née en 1938 en Belgique
    ├── Diane née en 1940 au Brésil
    ├── Jacques et Michel jumeaux nés en 1941 au Maroc
    ├── Claude née en 1943 au Maroc
    ├── Chantal née en 1946 en Navarre
    └── Thibault 1948 - 1983 né au Portugal
```

HENRI COMTE DE PARIS

MON ALBUM DE FAMILLE

« ENTERREMENT DE MONSEIGNEUR LE DUC D'ORLÉANS AUQUEL J'AI ASSISTÉ : C'EST UNE GRANDE PERTE POUR LA FRANCE » (1842).

Cette réflexion du photographe M. A. Gaudin s'avéra singulièrement juste. La mort accidentelle du fils aîné de Louis-Philippe, le fort populaire Prince Royal, fut une catastrophe qui conduira à la chute de la monarchie six ans plus tard et à l'exil des Orléans. *(Nous devons la reproduction de ce daguerréotype et l'autorisation de le publier à l'amabilité de la Galerie de Chartres.)*

© LIBRAIRIE ACADÉMIQUE PERRIN, 1996.
ISBN : 2. 262. 01237. 7.

HENRI COMTE DE PARIS

MON ALBUM
DE FAMILLE

Texte de Michel de Grèce

PERRIN

À la duchesse de Guise, Isabelle de France,
ma grand-mère,
en hommage, avec reconnaissance, admiration et tendresse.

Michel de Grèce

SOMMAIRE

Chapitre 1
1850 - 1860 • Louis Philippe, les dernières années
7

Chapitre 2
1861 - 1870 • L'Amérique et les mariages
21

Chapitre 3
Autour de la guerre de 1870
31

Chapitre 4
1871 - 1886 • L'espoir brisé
43

Chapitre 5
1886 - 1896 • La diversité des destins
57

Chapitre 6
1898 - 1914 • Des voyages, des alliances, des drames
87

Chapitre 7
1914 - 1918 • Dans la tourmente
113

Chapitre 8
1918 - 1939 • Le Roi et les royalistes
127

Chapitre 9
1939 - 1952 • Le comte de Paris, aventures et retour au pays
167

CHAPITRE 1

1850-1860

Louis-Philippe les dernières années

LOUIS-PHILIPPE IER, DUC D'ORLÉANS
ROI DES FRANÇAIS (1773 - 1850)
EN EXIL À CLAREMONT
De Louis XV à la photographie, tel pourrait être le résumé de la longue vie de Louis-Philippe d'Orléans. Né sous le Bien-Aimé, baptisé par Louis XVI, général révolutionnaire, nomade proscrit, explorateur, prince milliardaire, il devient roi des Français en 1830 puis repart en exil à la révolution de 1848. Quand il meurt, l'ère moderne est commencée. On connaît déjà la photographie. Son grand âge ne lui a pas ôté sa coquetterie. Si ses légendaires bajoues ont fondu avec les épreuves et les ans, il arbore son célèbre toupet devant le photographe.

Novembre 1848. Un journaliste parisien est appelé pour ses affaires à Londres. Des amis royalistes le chargent de lettres pour le roi Louis-Philippe, détrôné quelques mois plus tôt par la révolution de Février et depuis réfugié en Angleterre. Le journaliste prend les lettre, arrive à Londres et emprunte un tortillard de province pour Claremont, le château mis à la disposition du souverain exilé par la reine Victoria. En chemin, il se rend compte de l'embarrassante situation où il s'est mis. C'est bien joli de remettre des lettres à l'ancien roi, mais comment faire, comment sera-t-il reçu, comment même arriver au château?

Descendu dans la petite gare, il entend des cochers crier « Claremont, Claremont ». Il monte dans un de ces fiacres et bientôt arrive devant une grille imposante. Que dire? Que va-t-il se passer? Or comme par miracle, la grille s'ouvre sans qu'il ait même besoin de se présenter au concierge. Le fiacre traverse un vaste parc qui ne doit pas connaître une grande circulation car, au bruit des roues, bœufs et moutons lèvent la tête avec inquiétude. Il parvient devant un château néo-classique précédé d'un superbe péristyle à colonnades. Personne ne se montre, personne n'accourt. L'homme monte les marches, pénètre dans un vestibule où il tombe sur un seul domestique, vêtu de la livrée bleu et rouge des Orléans, qui dort profondément dans un fauteuil.

Gêné le journaliste le réveille, lui explique la raison de sa présence. Le valet de pied le prie d'attendre et disparaît. Le visiteur constate que le château n'a pas été occupé depuis bien longtemps : il y a peu de meubles, les bronzes sont ternis et l'humidité règne partout. Au bruit d'une porte qui s'ouvre, l'homme se retourne, s'attendant à voir revenir le domestique, c'est le roi Louis-Philippe en personne. « Mais entrez donc, monsieur ». Louis-Philippe l'introduit dans une bibliothèque et le prie de s'asseoir. « Avez-vous le temps, monsieur? ». Ce personnage qui, quelques mois plus tôt, était encore un des souverains les plus puissants d'Europe se soucie de savoir si lui, jeune journaliste, a du temps. « Tout le temps du monde,

1850 - 1860 • Louis-Philippe, les dernières années

sire ! » Et le vieux roi se met à raconter. Toute sa vie il s'est montré un causeur étincelant même si parfois un peu trop abondant. Devenu avec le temps un des seuls témoins encore vivants de l'époque prérévolutionnaire, et surtout de la révolution, le seul à pouvoir décrire les grands ténors de cette époque terrifiante et fabuleuse qu'il a bien connue, il ne se prive jamais de raconter ses souvenirs.

Pendant qu'il discourt, le journaliste l'observe, ce septuagénaire, malgré les ans, malgré les épreuves, garde une surprenante allure juvénile. Le port est majestueux, l'œil vif, et le toupet se remarque à peine dans la chevelure abondante et peut-être teinte. Les fameuses rouflaquettes accentuent la forme en poire du visage, que tant de caricatures ont rendue célèbre. L'ancien souverain affiche une simplicité, une courtoisie, un talent pour mettre à l'aise l'interlocuteur qui étonnent le journaliste. Cependant ce sont là qualités de grand seigneur, car sous l'affectation démocratique, Louis-Philippe reste prince jusqu'au bout des ongles.

En l'écoutant parler le journaliste se remémore la prodigieuse carrière de son vis-à-vis. Il est né sous Louis XV, Louis XVI lui sert de parrain. Il devient jacobin et gagne ses galons dans l'armée révolutionnaire. Son père, Philippe Egalité député d'extrême gauche ayant voté la mort du roi avant d'être lui-même guillotiné, il doit sous un faux nom s'exiler.

Sans un sou, le voilà forcé, pour vivre, de devenir professeur de mathématiques dans un collège suisse. Bientôt chassé de ce refuge comme de tant d'autres, que peut-il faire, sinon voyager ? Il va jusqu'en Laponie, où il laisse un enfant à la fille d'un pasteur de village, se rend aux États-Unis qu'il visite longuement, fait le détour par Cuba, aboutit en Sicile et là épouse la princesse Marie-Amélie, une des filles du roi Ferdinand Iᵉʳ, la propre nièce de Marie-Antoinette. À la chute de Napoléon, en 1814, il revient en France récupérer son immense fortune, mais les Cent jours l'obligent à s'exiler de nouveau. À la seconde Restauration, il se réinstalle … dans sa situation de cadet fortuné. Il fait des enfants l'un après l'autre à sa femme, s'occupe d'arrondir son pécule déjà considérable, agrandit ses collections. Bref, il paraît parfaitement paisible et dévoué aux rois de la branche aînée… Et pourtant en 1830, lors de la révolution qui chasse Charles X et les Bourbons, c'est lui qu'on vient chercher pour le placer sur le trône encore chaud laissé par son cousin.

Dix-huit ans de règne, dix-huit ans de paix et d'une prospérité comme la France n'en a jamais connu. Sous son sceptre bienveillant, le pays devint une des grandes puissances économiques du monde et surtout le centre européen des arts et des lettres. Cependant, la haine de la droite et la rancune des souverains contre l'"usurpateur" qui occupe le trône des Bourbons l'empêchent de consolider sa position face à la gauche. Une pichenette, quelques manifestations sans grande importance suffisent à le renverser et à mettre le feu aux poudres dans toute l'Europe.

Maintenant, Louis-Philippe bombarde le journaliste de questions. Que dit-on de lui ? Ce ne sont pas tant les louanges que les critiques qu'il veut entendre. Eh bien, elles sont unanimes à condamner son abdication précipitée, sa fuite, dirait-on. Il se défend comme un diable : c'était son retrait ou la guerre civile. S'il avait résisté, le sang des Français eût été répandu, ce qu'il voulait éviter à tout prix.

Sans que le journaliste ait besoin de le solliciter, il se fait son propre avocat avec une éloquence extraordinaire. Longuement, il dresse l'apologie de son règne. Lorsqu'il était sur le trône, on lui répétait qu'il constituait la clef de voûte de la paix européenne. « …Le jour où cette flatterie a rattrapé la vérité, le jour où mon trône s'écroulant, le feu révolutionnaire a tout à coup éclaté d'un bout à l'autre de l'Europe, – en Lombardie, en Sicile, à Rome, à Vienne, à Berlin, à Munich, en Hongrie –, il ne s'est pas trouvé une voix, une seule, pour demander : cet homme que nous venons de condamner à l'exil n'est-il donc pas pour quelque chose dans cette prospérité universelle

1850 - 1860 • Louis-Philippe, les dernières années

qui a fait place à la ruine ? Juste au moment où cet homme tombe, n'a-t-il le droit à aucun mot d'adieu, aucun regret, aucun souvenir, rien ? »

Le journaliste reste stupéfait de ces confidences, de la confiance du vieux roi. Il ignore combien celui-ci a besoin d'un public, ce qu'il y a de plus difficile à trouver, et qu'il cherche désespérément. La reine Marie-Amélie, sa femme, se consacre à ses petits-enfants et à l'organisation de la maison, car la famille royale est partie de France sans pratiquement rien emporter. On manque de tout à Claremont : de personnel, de linge, d'argenterie et même de bois pour les cheminées. Quant aux fils et belles-filles de Louis-Philippe, qui l'ont rejoint après mille aventures, ils sont tous au fond de leur lit. En effet, les conduits du château inhabité depuis si longtemps se sont rouillés; l'eau souillée a provoqué des empoisonnements sérieux et même dangereux. Et puis les enfants du vieux roi n'ont pas tellement envie de l'entendre rabâcher le passé, ce qu'il a tendance à faire trop souvent à leur gré. Aussi, enchantés de le savoir en compagnie d'un interlocuteur enthousiaste, ils se gardent bien de sortir de chez eux, au point que le jeune journaliste a l'impression que le château archicomble, est désert.

L'audience royale aurait pu durer indéfiniment si le même domestique qui avait introduit le journaliste n'était venu annoncer le ministre anglais, Lord John Russel. Le vieux roi laisse donc partir son visiteur en lui faisant cependant promettre de revenir.

Le journaliste revint et ... ne reconnut pas Louis-Philippe. L'œil avait perdu sa vivacité, le dos s'était voûté, la tête penchait et la démarche s'était faite hésitante. En moins de deux ans le roi était devenu un vieillard. Il lui fallut pour-

MARIE-AMÉLIE DE BOURBON SICILE, REINE DES FRANÇAIS
(1782 - 1866)

Fille de Ferdinand Ier, roi des Deux Siciles, et de l'impérieuse Marie-Caroline d'Autriche, elle était la petite-fille de l'impératrice Marie-Thérèse et la nièce de Marie-Antoinette. Adolescente, elle avait dû fuir les armées françaises de la Révolution. Sa mère, championne de la réaction, la laissa pourtant épouser l'homme de son cœur, Louis-Philippe d'Orléans, un libéral, ancien révolutionnaire, fils de régicide. Ces deux personnages si dissemblables restèrent unis, exemple quasi unique dans cette famille, et s'aimèrent durant leur quarante et une années de mariage.

1850 - 1860 • Louis-Philippe, les dernières années

FRANÇOISE DE BRAGANCE,
PRINCESSE DE JOINVILLE
(1824 - 1898)

Au cours d'un de ses nombreux voyages, le prince de Joinville s'arrêta à Rio de Janeiro. Il y rencontra Françoise, fille de l'extravagant empereur Pedro Ier, et de l'archiduchesse Léopoldine d'Autriche, ce qui en faisait la cousine germaine de l'Aiglon. Sa grâce délicate le toucha et il épousa cette princesse des tropiques.

tant se ressaisir à l'occasion de la première communion de son petit-fils et héritier, le comte de Paris. L'événement lui tenait à cœur. Son fils aîné, le duc d'Orléans, la prunelle de ses yeux, étant mort dans un accident stupide, c'était sur l'enfant que l'affection et surtout les espoirs du vieillard s'étaient reportés. La cérémonie eut lieu dans la modeste chapelle catholique des français de Londres. À tous le roi parut plus en forme que jamais. L'effort prodigieux qu'il avait dû faire pour donner le change ne dura guère. Quelques jours plus tard, il était au bord de la mort.

Comme il ne se rendait pas compte lui-même, ce fut sa femme qui se chargea de le préparer à l'échéance. Elle s'y prit le plus doucement du monde et, alors qu'elle se perdait dans des circonvolutions embarrassées, son mari, perspicace, l'interrompit : « C'est-à-dire qu'il me faut prendre congé… ». À cet instant, ces deux êtres si dissemblables qui, durant toute leur vie commune, étaient restés étroitement unis, se sentirent plus proches que jamais l'un de l'autre.

La vieille reine pensait peut-être à la première fois où elle avait vu le jeune duc d'Orléans. L'invasion du royaume de Naples par les soldats de la Révolution puis de Napoléon en avaient chassé ses parents et elle. Réfugiée en Sicile, elle avait vu ce cousin éloigné y débarquer inopinément. Elle se souvenait sa mère pleurant jour et nuit après l'exécution de sa tante Marie-Antoinette, et tout aurait dû l'éloigner de ce fils de régicide qui avait milité dans les rangs de la Révolution.

Au contraire, elle s'en éprit instantanément. Lui-même ne fut pas insensible à la fille de souverains considérés comme les plus conservateurs d'Europe. Elle n'avait jamais été vraiment jolie, mais elle avait un noble maintien, un charme profond, une culture étendue, et surtout une forte personnalité cachée sous une grande aménité.

Le duc d'Orléans comprit qu'il trouverait en elle le havre de paix auquel il aspirait, lui qui, toute sa vie en avait été privé. « Monsieur, je devrais vous haïr … » commença la

1850 - 1860 • Louis-Philippe, les dernières années

mère de Marie-Amélie, la formidable reine Marie-Caroline, lorsqu'il était venu lui demander la main de sa fille. Et pourtant, elle la lui avait accordée.

Depuis, le couple ne s'était pratiquement jamais quitté. La plus profonde affection, la plus étroite intimité les avaient unis pendant quarante et un ans. De tous les chefs de la Maison d'Orléans qui, depuis le frère de Louis XIV se sont succédé jusqu'à nos jours, le couple formé par Louis-Philippe et Marie-Amélie demeure le seul qui ait connu un sincère et véritable bonheur conjugal, le seul à avoir évité liaisons, adultères et scandales.

Discrètement mais efficacement, Marie-Amélie aida Louis-Philippe durant les années difficiles de son règne. Sa tenue morale, ses vertus comme on disait à l'époque, la mirent à l'abri des critiques qui se déversèrent sur son mari et sa belle-famille. Alors qu'on chansonnait et vilipendait impitoyablement Louis-Philippe, personne ne se sentit jamais l'envie de s'attaquer à elle.

Le vieux roi accueillit la mort avec dignité et sérénité. Il s'éteignit doucement le matin du 26 août 1850. Sa compagne, qui avait caché son chagrin pour l'accompagner jusqu'au dernier moment, ne le montra pas davantage après le décès car désormais, c'était elle la clef de voûte de la famille.

La révolution de 1848, sans ruiner les Orléans, les avait mis en difficulté financière. De surcroît, en janvier 1852, le Prince Président Louis Napoléon Bonaparte confisqua par décret leur énorme fortune restée en France. « C'est le premier vol de l'aigle », persiffla-t-on à juste titre.

Les Orléans se dispersèrent pour se caser où ils pouvaient. Marie-Amélie, restée à Claremont, s'occupa des orphelins que la mort prématurée de ses filles – la reine Louise de Belgique et la duchesse Marie de Wurttemberg – laissait seuls. Elle aurait voulu donner toute son attention aux deux garçons de son aîné adoré Ferdinand et surtout au comte de Paris devenu le successeur de Louis-Philippe, mais la mère des

FRANÇOIS D'ORLÉANS,
PRINCE DE JOINVILLE
(1818 - 1900)
Les ans ont un peu effacé la beauté du troisième fils de Louis-Philippe, tel que l'avait peint Winterhalter. Sa vocation en avait fait un marin. Il possédait un remarquable don pour la peinture. Ses nombreuses aquarelles inspirées des événements de sa vie sont devenues de précieux témoignages historiques.

1850 - 1860 • Louis-Philippe, les dernières années

enfants, la duchesse d'Orléans Hélène, en décida autrement. Elle les prit sous son aile et les emmena dans un trou perdu en Allemagne. Princesse allemande, elle avait été élevée en Saxe et elle tenait à ce que ses deux fils connaissent la même éducation. L'indignation des Orléans devant cette séquestration ne modifia en rien la détermination de cette femme méritante mais entêtée, terriblement germanique, qui de plus craignait l'influence de ses beaux-frères sur ses enfants.

Le duc de Nemours quitta Claremont mais resta en Angleterre. Sa femme, Victoire de Saxe-Cobourg, cousine germaine de la reine Victoria, était considérée par la souveraine comme une véritable sœur, et cette auguste amitié valait bien qu'on l'entretînt par la proximité.

Le prince de Joinville était le marin de la famille, et comme tous les marins n'avait pas de port d'attache préféré. Ayant épousé une princesse du Brésil, il aurait surement pu compter sur sa belle-famille, mais le Brésil où il s'était rendu à plusieurs reprises lui paraissait trop lointain et surtout il préférait le mouvement.

Par contre, le cadet de Louis-Philippe, le duc de Montpensier, s'accrocha à sa belle-famille. Il avait épousé l'infante Marie Louise Fernande, sœur unique d'Isabelle II reine d'Espagne, et celle-ci, en l'hébergeant dans ses royaumes, le traita en beau-frère chéri, le couvrant d'honneurs, le faisant général, infant, chevalier de la Toison d'Or.

Le duc d'Aumale présente un cas particulier. Il était immensément riche, ayant hérité de la fortune fabuleuse de son parrain, le vieux prince de Condé trouvé mort pendu à l'espagnolette de sa fenêtre. On voulut faire croire au suicide, démontré comme impossible. On parla de crime. Peut-être n'était-ce en fait qu'un accident scabreux. Louis-Philippe étouffa l'affaire. Les neveux naturels du défunt lui firent un procès. Le scandale fut énorme. Le roi fit le gros dos et garda l'argent pour son fils alors mineur.

Aumale, ayant conservé des biens considérables à l'étranger, vécut sur un train que personne dans sa parenté ne put égaler. Il racheta le gros manoir que son père Louis-Philippe avait habité pendant les dernières années de son exil, Orleans House, à Twickenham, et il y donna libre cours à sa passion de collectionneur.

Ses agents lui signalaient tableaux, sculptures, manuscrits, meubles dans toute l'Europe. Chez Sotheby's ou Christie's, on le vit disputer des chefs-d'œuvre à tous les grands collectionneurs. Il acheta en particulier après des tractations rocambolesques, le plus beau manuscrit existant *Les Très Riches Heures du duc de Berri*. Il amassa des toiles françaises, anglaises, italiennes.

Au milieu de ses trésors, il recevait beaucoup, – des Premiers ministres tel Disraeli, des personnages illustres de passage à Londres, et toute la société britannique. Bien que marié à une princesse de Bourbon-Siciles, sa cousine germaine qu'il respectait profondément, il recevait aussi dans l'intimité, et plusieurs des pairesses qui paraient ses dîners passaient le reste de la nuit dans sa chambre à coucher... ainsi que quelques trop fameuses étrangères comme la comtesse de Castiglione, dont Napoléon III s'était lassé.

Aumale n'en oublia pourtant pas la politique, c'est-à-dire la France. Le prince Napoléon, cousin de l'Empereur, ayant fait à la tribune de la Chambre une violentissime diatribe contre le règne de Louis-Philippe, le duc d'Aumale répliqua par une *Lettre sur l'Histoire de France*, qui par une négligence de la censure impériale se vit distribuée à des milliers d'exemplaires avant d'être confisquée.

D'innombrables Français se réjouirent à la lecture de ce texte cinglant... mais juste, qui se terminait par cette flèche du Parthe tirée sur l'imprudent Bonaparte : « C'est à vous et aux vôtres qu'on pourrait alors renvoyer les paroles de votre oncle au Directoire : qu'avez-vous fait de la France ? »

Ces escarmouches peuvent occuper le temps, il n'en reste pas moins que pour les Orléans, dynastie détrônée appartenant au passé, l'avenir semble fermé.

1850 - 1860 • Louis-Philippe, les dernières années

LE PRINCE AUGUSTE
DE SAXE - COBOURG - GOTHA
(1818 - 1881).

Il appartenait à une branche cadette de la Maison de Saxe, qui devait d'ailleurs connaître un destin éblouissant. Sa mère, la princesse Kohary, une Hongroise millionnaire, lui avait légué une fortune gigantesque. La puissante personnalité de son épouse Clémentine d'Orléans devait le laisser quelque peu dans l'ombre.

CLÉMENTINE D'ORLÉANS,
PRINCESSE AUGUSTE DE SAXE-COBOURG (1817 - 1907)

À l'époque où naît la photographie, les deux soeurs de Clémentine, Louise, reine des Belges et Marie, duchesse de Wurtemberg, étaient mortes. Malgré un nez un peu accentué, elle n'était pas sans grâce, puisque, lors de ses dix-huit ans, le vieux roi Charles X lui avait déclaré : « Si j'avais trente ans de moins, et vous quelques années de plus, vous seriez reine de France. » Fort intelligente, brillamment douée pour l'intrigue, elle fit de sa résidence, le palais Cobourg à Vienne, le centre d'une toile d'araignée politique qui s'étendit sur l'Europe centrale et balkanique.

13

1850 - 1860 • Louis-Philippe, les dernières années

LOUIS D'ORLÉANS,
DUC DE NEMOURS
(1814 - 1896)

A la mort accidentelle de l'héritier du trône, Ferdinand duc d'Orléans, son frère, le duc de Nemours, assura le relais. Autant son aîné avait été populaire, autant ce personnage timide et réservé passait pour hautain et étroit d'esprit. S'il lui manquait le charme que l'on reconnaît généralement aux Orléans, il fut un modèle de vertu.

Page de droite :
LA DUCHESSE DE NEMOURS
SUR SON LIT DE MORT - 1857

Victoire de Saxe-Cobourg se trouvait être la cousine germaine de la reine Victoria, qui la considérait plutôt comme une sœur. Une brusque maladie l'emporta à trente-cinq ans, en 1857; et ce document est sinon le premier, du moins l'un des tout premiers du genre à montrer un cadavre. Pendant les longues années où il survécut à sa femme, le duc de Nemours resta inconsolable de sa perte.

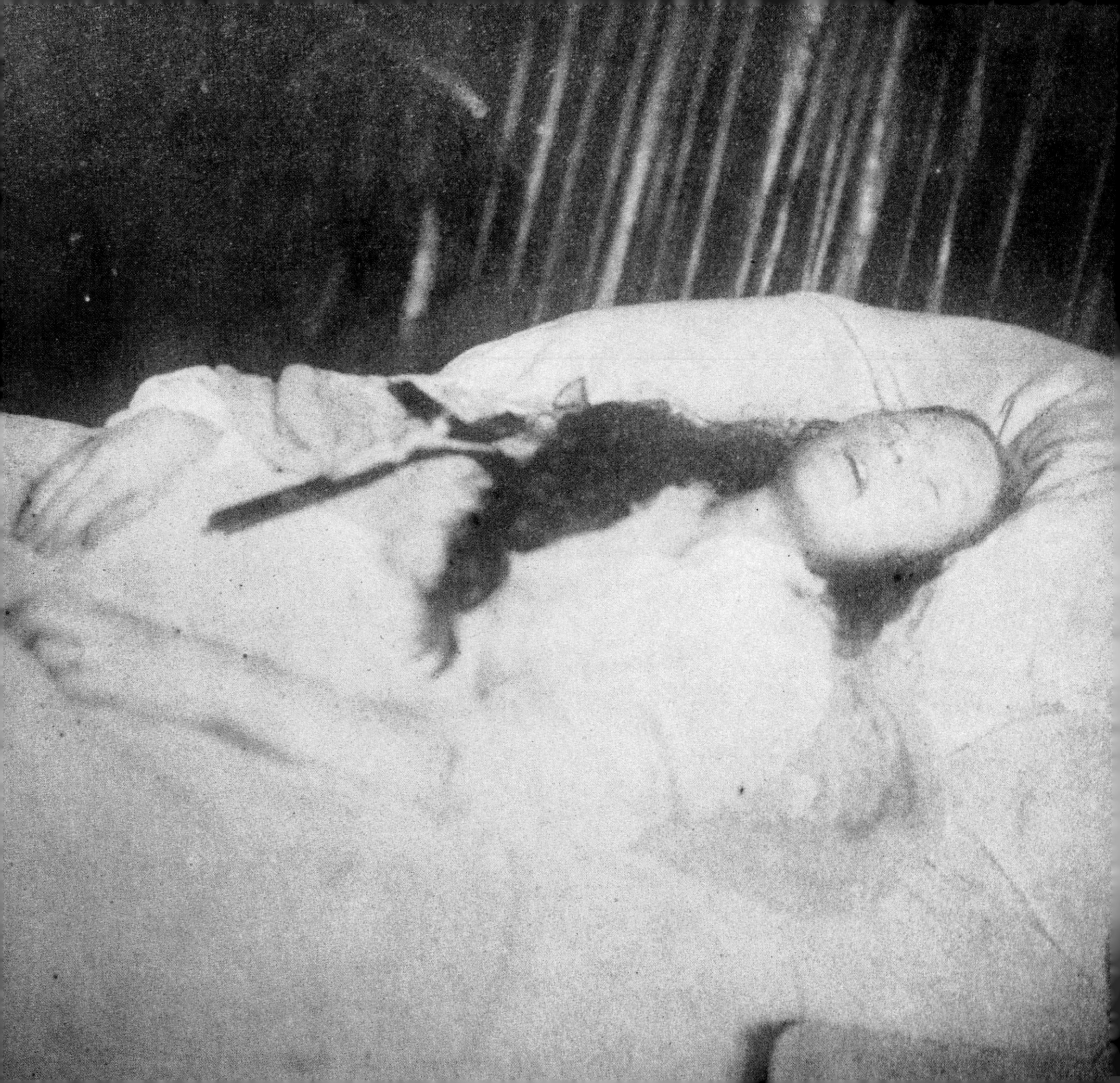

―――――――――――― **1850 - 1860** • Louis-Philippe, les dernières années ――――――――――――

MARIE-CAROLINE
DE BOURBON-SICILE,
DUCHESSE D'AUMALE
(1822 - 1869).

Nièce de la reine Marie-Amélie, elle était donc la cousine germaine de son mari.

Cette excellente personne n'était pas une grande beauté, et la vie privée de son mari s'en ressentit. Elle devait pourtant lui donner de nombreux enfants qui tous moururent très jeunes.

HENRI D'ORLÉANS,
DUC D'AUMALE
(1822 - 1897).

Ce quatrième fils de Louis-Philippe est le grand homme de la famille. Beau, séduisant, il ne compta pas ses conquêtes féminines. Ses brillantes victoires en Algérie lui valurent un grand prestige auprès de l'armée. Héritier de son parrain, le dernier prince de Condé, il fut aussi un des hommes les plus riches d'Europe.

1850 - 1860 • Louis-Philippe, les dernières années

UNE DES FILLES DU DUC
ET DE LA DUCHESSE DE MONTPENSIER
Antoine d'Orléans, cinquième et dernier fils de Louis-Philippe, avait épousé l'infante Marie-Louise Fernande d'Espagne. Lui-même, comme ses enfants, reçurent la nationalité espagnole et le titre d'infant. À cause de l'humidité du climat sévillan, plusieurs de ses filles moururent de la tuberculose à la fleur de l'âge.

UN DES FILS DU DUC
ET DE LA DUCHESSE D'AUMALE
Etait-ce le prince de Condé ou le duc de Guise... Le duc d'Aumale avait hérité de la gigantesque fortune des Condé après la mort violente du dernier prince de ce nom. Il lui arrivait de soupçonner dans le décès prématuré de tous ses enfants, une malédiction engendrée par ce legs ensanglanté.

1850 - 1860 • Louis-Philippe, les dernières années

LA REINE MARIE-AMÉLIE.
Cette photo fut prise peu avant sa mort à quatre-vingt-quatre ans, en 1866. Sur ce visage aux traits nobles mais ravagés, on lit les deuils, les épreuves, les larmes. Jusqu'au bout, sa bonté en fit la plus merveilleuse grand-mère.

1850 - 1860 • Louis-Philippe, les dernières années

ENTERREMENT
DE LA REINE MARIE-AMÉLIE.
Chassés par la révolution de 1848, Louis-Philippe et Marie-Amélie avaient trouvé asile en Angleterre où la reine Victoria avait mis à leur disposition son château de Claremont. À l'occasion de la mort de l'aïeule, les Orléans, réunis une dernière fois en ces lieux, posent dans le parc dépouillé par l'hiver.

CHAPITRE 2

1861-1870

L'Amérique et les mariages

LE COMTE DE PARIS ET LE DUC DE CHARTRES, DANS L'ARMÉE NORDISTE, PENDANT LA GUERRE DE SÉCESSION (1861-1865).
Les deux fils de feu le duc d'Orléans s'engagèrent sous la noble bannière des libérateurs d'esclaves, vécurent à la dure, participèrent à de nombreux engagements, s'attirèrent la sympathie de leurs camarades.
Sur cette photo, figurent à droite le comte de Paris, à gauche au bout de la table le duc de Chartres.

En 1858, la duchesse d'Orléans Hélène mourut en Allemagne d'une courte maladie. Jusqu'alors, elle avait réussi à maintenir ses deux fils éloignés de leur famille, et malgré les protestations de leurs oncles, rares avaient été les contacts. Elle les avait si bien mis à l'écart que pratiquement aucun document, aucune photo ne subsiste de l'adolescence du comte de Paris et du duc de Chartres. L'aîné, l'héritier et le chef de la Maison, a vingt ans lorsque la mort de sa mère le met en pleine lumière. C'est un grand garçon, fort beau, réservé, timide. Il est resté marqué par l'épreuve de la Révolution de 1848 subie à dix ans. Il suivait comme d'habitude ses leçons aux Tuileries, lorsque soudain, au milieu d'un cours, surgit son grand-père le roi : « J'abdique ! crie-t-il. – Ce n'est pas possible », répondit le petit-fils. Puis ce fut la fuite. Sa mère l'entraîne avec son frère à la Chambre. Au milieu des discours, il entend les craquements des portes qui volent en éclats. Une foule menaçante envahit l'hémicycle, braquant des fusils sur la duchesse d'Orléans et ses fils. Ils réussissent tant bien que mal à s'échapper, mais dans la course éperdue, on perd le cadet, le duc de Chartres. La mère et l'aîné se réfugient aux Invalides. On attend la nuit pour repartir, traverser Paris sens dessus dessous, se retrouver de nouveau mis en joue par des foules déchaînées. Après deux jours de séparation, le comte de Paris retrouve son frère Chartres, alors sérieusement malade. On réussit enfin à atteindre l'étranger, l'Allemagne, c'est-à-dire la sécurité.

Le comte de Paris a plutôt hérité du côté germanique de sa mère. C'est un homme honnête, droit, peut-être terne, cultivé cependant, car lors de son voyage de formation au Moyen-Orient, en Egypte, en Grèce, il multiplie les citations en grec antique. Esprit moderne aussi – ce qui est rare dans sa classe sociale –, il est l'un des premiers à s'intéresser aux problèmes sociaux. Il publie même – anonymement – des ouvrages sur la condition ouvrière, sur le mouvement syndicaliste alors naissant en Angleterre. Sa passion, son violon d'Ingres, c'est la chimie.

Le duc de Chartres, son cadet de deux ans, est plus français. Ce jeune homme de dix-huit ans, remuant et entreprenant, rêve d'action. Suivant la tradition des siens, il veut se

1861 - 1870 • L'Amérique et les mariages

ROBERT D'ORLÉANS,
DUC DE CHARTRES
Le fils cadet de Ferdinand duc d'Orléans, exilé de France depuis la révolution de 1848, brûlait d'en découdre. Il ne trouva à s'engager que dans l'armée piémontaise où il connut le bonheur de se battre aux côtés de soldats français alliés du roi Victor-Emmanuel. Il pose ici en uniforme piémontais.

battre. Mais où ? dans l'armée française, pas question : les exilés en sont exclus. Il réussit à décrocher sous un faux nom un engagement dans l'armée sarde. Son rêve se réalise. Bientôt il se bat au côté des soldats français contre les Autrichiens. Sa personnalité et son courage lui gagnent ses galons, mais Victor-Emmanuel III se retourne bientôt contre le pape. Pour ne pas peiner sa grand-mère Marie-Amélie, le duc de Chartres démissionne. Que faire ? Lui et son aîné, s'ils sont tolérés dans tel ou tel État, ne peuvent y avoir ni carrière ni activité. Le gouvernement de Napoléon III qui a le bras long ne le tolérerait pas. Les voilà donc condamnés à l'oisiveté. C'est alors que leur oncle, le prince de Joinville, trouve la solution. Le vieux baroudeur s'intéresse vivement à la guerre civile qui vient d'éclater entre le nord et le sud des États-Unis. Idéaliste, il prend fait et cause pour cette lutte contre l'esclavage et il y entraîne ses neveux Paris et Chartres.

Arrivés à Washington, ils sont reçus par le président Lincoln, et Joinville de rappeler que son propre père, Louis-Philippe, avait été pendant la Révolution reçu par Washington, le fondateur du pays. Mais lui, le prince de Joinville, ne prend aucune part aux opérations : son engagement dans l'armée américaine présenterait trop de problèmes politiques. Il se contente de se promener, en civil, parmi l'armée, et les soldats se prennent de sympathie pour cet inconnu, «l'homme au grand chapeau», qui les encourage, leur donne ici ou là un conseil avec toute l'expérience qu'il a acquise durant sa longue carrière de marin. Étonnés, ils le voient sortir sa boîte d'aquarelle et peindre les scènes de la vie militaire, les campements, les batailles. Joinville possède un réel don et ses aquarelles qui racontent sa vie en images restent des reportages passionnants, uniques en leur genre.

Par contre, ses deux neveux, vu leur jeunesse, intéressent moins les politiciens. Acceptés, ils sont versés dans l'armée du général McClellan. On n'ose exposer trop le comte de Paris, le chef de famille, aussi se voit-il affecté aux renseignements. Il réussit pourtant à participer à quelques engagements, à tirer le sabre et à se battre comme n'importe quel soldat. Bien plus tard, il avouera n'avoir jamais été aussi heureux que pendant la guerre de Sécession. Non seulement parce qu'il pouvait lutter pour une noble cause, mais parce que la liberté, la simplicité, le naturel des Américains lui convenaient parfaitement.

Chartres, lui, est engagé dans de nombreuses opérations. Les marches de nuit, les embuscades, les attaques surprises, non seulement il connaît, mais il y puise une raison de vivre, et donc son bonheur. Les deux frères participent à la prise de Yorktown, à la bataille de Williamsburg. Alors qu'ils sont décidés à guerroyer jusqu'à la victoire du Nord, des nuages se

22

1861 - 1870 • L'Amérique et les mariages

forment sur leur avenir. Napoléon III s'engage dans la désastreuse expédition du Mexique. Les Etats-Unis se rangent dans l'opposition à la France, si bien que des princes français, même d'une dynastie détrônée, ne peuvent plus rester dans l'armée américaine. Cependant ils ne veulent pas quitter l'armée nordiste avant la bataille cruciale de Richmond. Elle durera sept jours et sera un échec pour le Nord. Paris et Chartres se dépensent sans compter au cours de l'épuisante retraite, mais la situation internationale les force à partir. Avec leur oncle Joinville ils s'embarquent pour l'Europe.

Que faire ? se demandent une fois de plus Paris et Chartres. Se marier, peut-être ? Le mariage, c'est l'événement déterminant pour les familles royales, et tous deux en ont atteint l'âge. Cependant, c'est plus facile à dire qu'à faire. Même si les Orléans, toutes générations confondues, ont eu les opinions les plus libérales, il est hors de question qu'ils fassent des mariages inégaux : autrement dit, ils doivent épouser des membres de familles régnantes ou ayant régné. Voilà justement où le bât blesse. Bien que Louis-Philippe ait été placé sur le trône par la volonté nationale sinon populaire, bien que son règne ait été celui de l'abondance et de la prospérité, bien qu'il ait à plusieurs reprises maintenu la paix européenne quand elle risquait d'être détruite, bien qu'enfin les Orléans appartiennent à la Maison de France, la première d'Europe, le fait qu'ils soient considérés par beaucoup de monarchies comme les descendants d'un usurpateur les rend difficiles à caser. Louis-Philippe en avait fait la désagréable expérience, lui qui avait dû quémander de cour en cour époux et épouses pour ses enfants. Prévoyant les difficultés de sa descendance, il avait conclu : « Eh bien, mes petits-enfants n'auront qu'à se marier entre eux. »

Des cousines, il y en avait justement deux toutes prêtes pour Paris et Chartres : la fille du prince de Joinville, Françoise, et la fille du duc de Montpensier, Isabelle. Chacune des deux jeunes filles voulait bien entendu épouser l'aîné. Ce

LE COMTE DE PARIS ET LE PRINCE DE JOINVILLE PENDANT LA GUERRE DE SÉCESSION (1861-1865).
Ce fut le prince de Joinville qui invita ses neveux, les fils de son défunt frère le duc d'Orléans, à s'engager dans l'armée nordiste. Lui-même dut se contenter de suivre les opérations et devint pour les soldats américains qu'il croquait sur le vif, « l'homme au grand chapeau ».

1861 - 1870 • L'Amérique et les mariages

PHILIPPE ALBERT D'ORLÉANS,
COMTE DE PARIS,
EN TENUE D'ÉQUITATION
(1838-1894).
Il avait six ans lorsque la mort accidentelle de son père en fit l'héritier du trône. Celle de son grand-père Louis-Philippe, en 1850, le rendit dépositaire des droits de ce dernier. Ce grand blond aux yeux bleus avait hérité de la beauté germanique de sa mère, Hélène de Mecklembourg-Schwering.

du Brésil. L'empereur de ce vaste Etat, Pedro II, le souverain le plus original, le plus progressiste, le plus brillant de son temps, n'a que deux filles. A Isabelle l'aînée reviendra un jour la couronne impériale, et en conséquence le choix de son futur mari occupe toutes les chancelleries. Bien que le prince de Joinville soit marié à la sœur de ce même empereur Pedro II, pas question qu'un Orléans épouse la princesse héritière du Brésil. Aucune puissance n'accepterait qu'un membre de cette dynastie détrônée, et donc encombrante, occupe la première place.

On – c'est-à-dire l'Angleterre toujours impatiente de pousser ses pions – décide que l'aînée des Brésiliennes épousera un prince de Saxe-Cobourg, cousin germain de la reine Victoria. Tant pis si la cadette, elle, épouse un Orléans, en l'occurrence le comte d'Eu. Le Français et l'Allemand partent donc pour l'Amérique latine. Coup de théâtre ! L'héritière destinée à l'Allemand s'éprend du Français. Gaston d'Orléans, comte d'Eu, n'a pas grand relief mais il est beau, engageant, sympathique, avec ce côté naturellement charmeur qu'ont tous ceux de sa lignée. De plus, il répond aux sentiments de la princesse Isabelle. Elle ne brille pas par la beauté, mais sa puissante personnalité la rend attirante pour un homme plutôt effacé. Contrairement aux volontés des chancelleries, ils se marient, et on laisse la cadette à l'Allemand promis à l'aînée. Un Orléans est donc destiné à fonder une nouvelle dynastie aux antipodes. Encore faut-il que le comte d'Eu s'impose dans sa nouvelle position. Or les chancelleries, outrées de son mariage, le surveillent pour l'empêcher de se mettre en avant. Cependant les circonstances jouent pour lui. Le Brésil et l'Argentine, exaspérés par les provocations du dictateur paraguayen Lopez, s'unissent pour lui déclarer la guerre. Au début, malgré l'immense différence numérique, le Paraguay gagne, car le Brésil est par trop désorganisé. L'opinion publique réclame le comte d'Eu à la tête de l'armée. Les Brésiliens savent que le prince français, soldat dans l'âme comme tous les siens, s'est naguère engagé dans l'armée espagnole et a brillamment combattu au Maroc.

fut Isabelle qui gagna. Françoise ne lui pardonna jamais, qui dut se contenter du cadet, et les relations devaient rester plus que fraîches entre les deux cousines devenues belles-sœurs. Il est à noter que ces mariages consanguins contredisent la légende car aucun signe de dégénérescence ne se manifesta dans la nombreuse descendance de ces cousins intermariés.

La question du mariage, toujours, cause bien du souci au duc de Nemours. Plusieurs années auparavant, sa femme bien-aimée, Victoire, est morte brusquement après avoir accouché de leur dernier enfant, la princesse Blanche. C'est donc à lui que revient le soin de trouver des épouses à ses deux fils. Une possibilité s'ouvre pour l'aîné, le comte d'Eu, du côté

L'occasion lui est offerte de montrer ses talents militaires. Malgré ses propres réticences, il se voit nommé général en chef, et tout de suite le sort des armes tourne en faveur du Brésil. De défensive, la guerre sous sa conduite devient offensive, et de victoire en victoire il poursuit le dictateur Lopez dans ses derniers retranchements.

Pendant que le comte d'Eu se taille une réputation, son cadet, Ferdinand, duc d'Alençon, en fait de même sous d'autres cieux. Lui aussi engagé dans l'armée espagnole, il a été dépêché aux Philippines, une colonie espagnole où des tribus restent insoumises. Il lui faut affronter la jungle et ses dangers : les flèches empoisonnées, les attaques nocturnes et les coupeurs de tête. Les tribus rebelles enfin pacifiées, Alençon en profite pour visiter le Japon et la Chine avant de revenir en Europe.

Dès son retour, son père, le duc de Nemours, lui demande de l'accompagner dans une expédition matrimoniale en Allemagne, traditionnel réservoir à conjoints royaux. Il est en effet question de marier la princesse Marguerite d'Orléans, sœur d'Alençon, avec le duc Charles Théodore en Bavière. Les deux promis ne se plaisent pas. Par contre, entre Ferdinand d'Alençon et la ravissante Sophie Charlotte de Bavière, c'est le coup de foudre. Seulement Sophie Charlotte est déjà fiancée et pas à n'importe qui puisqu'il s'agit du roi Louis II de Bavière, son cousin germain. L'ayant rebaptisée Elsa, du nom d'une héroïne wagnérienne, celui-ci fait jouer pour elle et lui seuls les opéras de son compositeur favori et ordonne de ressertir la couronne des reines de Bavière. Mais là s'arrêtent ses attentions, et il recule si souvent la date du mariage que la fiancée, un beau jour, se lasse. Son instinct de femme lui dit qu'elle ne sera jamais heureuse avec l'imprévisible Louis II. Elle lui préfère le Français qui ne possède ni trône ni sens artistique, mais qui se révèle un homme solide et qui l'aime de tout son cœur. Louis II ne se mariera jamais et ira seul vers son tragique destin.

ISABELLE D'ORLÉANS, COMTESSE DE PARIS, EN ROBE DE MARIÉE (1864).
Fille du duc et de la duchesse de Montpensier, elle portait donc le titre d'infante d'Espagne.
Née dans l'antique palais royal de Séville, Los Alcazares, elle devait rester jusqu'à sa mort profondément attachée à l'Andalousie. Elle fit avec son cousin germain, le comte de Paris, un mariage qui devait se révéler fort heureux.

Sophie Charlotte a quatre sœurs, quatre beautés. L'impératrice d'Autriche Elisabeth, la fameuse Sissi, périra assassinée ; Marie, la reine de Naples, perdra son trône ; la comtesse Trani verra son mari se suicider presque devant elle ; quant à la princesse de Tour et Taxis, elle mourra à la fleur de l'âge. Sophie Charlotte devine-t-elle cette menace floue suspendue au-dessus de ces trop belles têtes ? Veut-elle y échapper en entrant par mariage dans une famille dont la situation n'est certes pas brillante mais qui éclate de santé, de vie, de chaleur, et qui garde les pieds sur terre ?

Les jeunes Orléans qui ne convolent pas voyagent, le prince de Condé en tête. Le duc d'Aumale, son père, a tenu

1861 - 1870 • L'Amérique et les mariages

ROBERT ET FRANÇOISE D'ORLÉANS FIANCÉS (1863).

Françoise d'Orléans, fille du prince de Joinville, aurait bien voulu épouser l'aîné, le comte de Paris. Ce fut sa cousine germaine Isabelle qui l'emporta. Elle-même dut se contenter du cadet, le duc de Chartres, Robert. Malgré une union harmonieuse, la duchesse de Chartres ne pardonna jamais à la comtesse de Paris de lui avoir soufflé la première place.

à ce que son aîné porte le titre du vieil oncle et parrain, mort si mystérieusement et si à propos pour lui laisser sa fortune. Ayant vu nombre de ses enfants mourir en bas âge, il a reporté tout son amour paternel sur le jeune homme, d'autant plus que celui-ci a une santé délicate. Il faut pourtant l'occuper. Expédié en Extrême-Orient, Condé, après plusieurs mois de voyage, débarque à Sydney, en Australie. L'arrivée d'un prince français met en ébullition la petite société de la ville, les mondanités se multiplient au point de l'épuiser. Au retour d'une partie de pêche il doit se coucher, atteint de fièvre. Quelques jours plus tard, comme il se sent beaucoup mieux – pas assez cependant pour se lever –, on lui apporte pour le distraire des journaux, lesquels diffusent avec des retards considérables les nouvelles d'Europe. Condé les lit avidement. Soudain il sursaute, pâlit et les larmes se mettent à couler sur son visage. Un entrefilet lui a appris que là-bas, en Angleterre, sa grand-mère bien-aimée, la reine Marie-Amélie, s'est éteinte. Du coup, la fièvre le reprend et ne le lâche plus. Quelques jours plus tard il meurt à vingt et un ans, loin des siens. Lorsqu'il apprend la nouvelle, Aumale est brisé. Il vient de perdre sa mère, et maintenant c'est son fils qui est parti. Il pleure devant la photo du garçon en répétant: « Je ne le reverrai plus, je ne le reverrai plus. »

Aumale et ses frères avaient vu avec tendresse grandir les deux enfants de leur sœur chérie, la reine Louise des Belges, morte avant d'avoir atteint la quarantaine. Au fur et à mesure que l'aîné, le futur Léopold II, s'épanouissait, ils devaient se reconnaître en lui. Le génie politique, le sens des affaires, la sagesse, l'imagination, la ruse, la sensualité et une certaine insensibilité taillaient un Orléans sur mesure, qui sera un des chefs d'État les plus remarquables et un des innovateurs les plus créatifs de son temps. Ses oncles, par contre, se préoccupaient de sa cadette, chez qui l'ambition – autre qualité des Orléans – n'était plus pondérée par la lucidité ni la raison. Orpheline à dix ans, Charlotte de Belgique était devenue une fort belle jeune femme, intelligente, décidée. Elle avait fait un

1861 - 1870 • L'Amérique et les mariages

superbe mariage en épousant le frère de l'empereur d'Autriche, l'archiduc Maximilien. Puis vint la tentation d'accepter la couronne du Mexique offerte par Napoléon III. Les Orléans, avec tout leur bon sens, s'étaient résolument rangés contre ce projet. Mais leurs voix n'avaient pas été entendues, et lorsque Charlotte et Maximilien s'étaient embarqués pour le Mexique, la vieille reine Marie-Amélie avait lugubrement prédit : « Ils seront assassinés. »

La réalité s'était révélée encore pire. Maximilien, acculé par la révolte populaire menée par un paysan zapotèque, Benito Juarez, avait été arrêté, passé en jugement et fusillé – trois ans après son arrivée triomphale. Charlotte, venue plaider la cause de son trône en Europe, était brusquement devenue folle. Ses oncles s'accordaient à dire que les épreuves avaient dérangé son cerveau.

Mais selon une théorie qui présente une bonne dose de vraisemblance, elle aurait été empoisonnée par une maîtresse mexicaine de son mari jalouse d'elle, qui lui aurait fait régulièrement ingurgiter dans son chocolat matinal de ces drogues qui abondent au Mexique et mènent des hallucinations à la folie. Quelle qu'en soit la cause, Charlotte avait en tout cas perdu la raison. Elle devait survivre soixante ans avec son cerveau enténébré, traversée parfois d'éclairs de souvenirs tragiques.

LE COMTE D'EU ET LE DUC D'ALENÇON EN UNIFORME ESPAGNOL.
La permission de s'engager dans l'armée française leur ayant été refusée, les princes d'Orléans étaient obligés de chercher ailleurs. Les deux fils du duc de Nemours trouvèrent moyen, grâce à la bienveillance de la reine Isabelle II, de s'engager dans l'armée espagnole. C'est sous cet uniforme que l'aîné se distingua à la bataille de Tetuan, pendant la guerre du Maroc.

1861 - 1870 • L'Amérique et les mariages

PHILIPPE
DUC DE WURTEMBERG
(1838 - 1817).

Sa mère Marie d'Orléans était la femme la plus douée de la famille. Sculpteur renommé, sa statue de Jeanne d'Arc orne encore nombre d'églises et de lieux publics. Elle mourut à 26 ans, laissant un orphelin de deux ans qui fut en partie élevé par sa grand-mère la reine Marie-Amélie. Ses descendants, à l'extinction de la branche aînée, deviendront les chefs de la Maison royale de Wurtemberg.

Il est ici photographié le jour de son mariage à Vienne, le 18 janvier 1848. Son épouse, l'archiduchesse Marie-Thérèse d'Autriche, porte des joyaux historiques, aujourd'hui exposés au château royal de Stuttgart.

CHARLOTTE DE BELGIQUE,
IMPÉRATRICE DU MEXIQUE
(1840-1927).

Elle avait hérité des Orléans le goût du pouvoir, l'ambition, mais hélas ! pas la mesure.

Ce fut elle qui poussa son mari, l'archiduc Maximilien, à accepter la couronne du Mexique et par là à s'engager dans une tragique aventure. Maximilien finira fusillé sur ordre de Benito Juarez. Elle devint folle à vingt-sept ans et le resta pendant soixante ans, jusqu'à sa mort. Les causes de cette maladie demeurent mystérieuses. Étaient-ce les épreuves, le choc dû à l'exécution de son mari, ou avait-elle été progressivement empoisonnée par une rivale mexicaine, maîtresse de l'empereur ?

1861 - 1870 • L'Amérique et les mariages

LÉOPOLD II, ROI DES BELGES,
EN COSTUME XVIIᵉ SIÈCLE
(1835-1909).
Fils de Léopold Iᵉʳ, premier roi de Belgique, et de Louise d'Orléans. Ambitieux et rusé, tenace et imaginatif, doué pour les affaires et amateur de femmes, ce génie politique fut un pur produit de la famille des Orléans.

CHAPITRE 3

Autour de la guerre de 1870

GARDEN-PARTY DONNÉE DANS LES JARDINS D'ORLÉANS HOUSE À TWICKENHAM (1864). L'hôte, le duc d'Aumale, est debout, tenant une des colonnes de la tente. Assis à côté de lui, en uniforme, son neveu le duc d'Alençon, et à côté de ce dernier, debout de profil tenant un haut-de-forme gris, le frère de celui-ci, le comte d'Eu.

En France, le règne de Napoléon III, bête noire des Orléans, s'achevait. C'est alors qu'en Espagne le dernier fils de Louis-Philippe, Antoine d'Orléans, duc de Montpensier, fit parler de lui. Pour comprendre les faits il faut remonter à l'affaire des mariages espagnols, chef-d'œuvre de la politique de Louis-Philippe, si réussie qu'elle lui avait en partie coûté son trône.

Le roi Ferdinand VII, dont Goya avait rendu si parfaitement l'aspect quasi bestial, n'avait eu que deux filles. L'aînée, destinée à lui succéder, était montée sur le trône sous le nom d'Isabelle II. Toutes les puissances s'étaient préoccupées de son mariage, et chaque chancellerie avait tâché de lui trouver un mari capable de l'influencer dans le bon sens, c'est-à-dire celui de ladite chancellerie. Louis-Philippe avait timidement proposé un de ses fils. A la perspective de revoir un prince français coiffer la couronne espagnole, l'Angleterre avait poussé des hurlements. Puis cette même Angleterre, sournoisement, avait proposé un parent de la reine Victoria. Ce fut au tour du roi des Français de pousser des cris. Impasse totale. Alors, le bon Louis-Philippe avait inventé la solution parfaite. La reine d'Espagne épouserait un sien cousin espagnol –, donc aucune influence étrangère, donc aucune dispute entre les grandes puissances. L'Angleterre soupçonnait bien une perfidie, mais son Premier ministre eut beau chercher, réfléchir, il ne trouva rien, et il accepta cette solution. En récompense de ses loyaux services, Louis-Philippe demandait seulement que la sœur cadette de la reine d'Espagne, l'infante Marie-Louise-Fernande, épousât son dernier fils, Montpensier. L'Angleterre accepta du bout des lèvres. Ce ne fut que lorsque la reine Isabelle II eut convolé avec son cousin espagnol François de Bourbon, duc de Cadix, que la vérité se fit jour : le nouveau roi était probablement incapable d'engendrer. Donc, immanquablement la reine Isabelle mourrait sans enfants... et la couronne reviendrait à sa sœur et au mari de cette dernière, Antoine d'Orléans. L'Angleterre, hors d'elle, se vengea en bénissant, sinon en encourageant de toute la puissance de la cavalerie de Saint-George, la révolution qui deux ans plus tard chasserait Louis-Philippe du trône.

31

Autour de la guerre de 1870

INFANTE MERCEDES D'ORLÉANS,
(1860-1878)
ÉPOUSE DU ROI D'ESPAGNE
ALPHONSE XII.
Elle avait dix-sept ans lorsque, dans le parc du palais de San Telmo à Séville, elle rencontra un beau jeune homme. Elle en tomba amoureuse, et ce fut réciproque. C'était son cousin germain, Alphonse XII. Malheureusement, leurs mères qui étaient sœurs, la reine Isabelle II et la duchesse de Montpensier, étaient brouillées. Cependant l'amour fut le plus fort. Les sœurs se réconcilièrent et leurs enfants se marièrent. Cinq mois après être devenue reine d'Espagne, Mercedes mourait brusquement, plongeant son pays dans le chagrin et son mari dans un désespoir dont il ne se remit jamais.

De son côté, Montpensier n'eut plus qu'à attendre que la couronne échût à sa femme. Cet homme fort intelligent, fort intrigant, collectionneur averti comme tant d'Orléans, avait un côté sombre qui n'était pas sans éveiller la méfiance, sinon la crainte des siens. Toujours ambitieux, toujours frustré, les scrupules ne l'encombraient pas. Il y avait en lui une violence qui ne demandait qu'à s'exprimer. Ce fut bientôt le cas. La rage s'empara de lui lorsque sa belle-sœur, la reine Isabelle, à la surprise générale, se mit à avoir un, puis deux, puis trois, puis quatre enfants. Peut-être le roi consort François y avait-il mis du sien, à moins que le Saint-Esprit ne fût intervenu. Montpensier, inconsolable de voir la couronne lui échapper, créa une opposition contre sa belle-sœur qui, pourtant, à la chute de Louis-Philippe, l'avait hébergé et couvert d'honneurs. La reine Isabelle, chez qui la bonté se mêlait au cynisme, se contenta de l'exiler, avec sa femme, à Séville. La capitale de l'Andalousie était alors un trou de province, où les grandes familles qui pourtant y possédaient des palais ne s'aventuraient jamais. Montpensier y déploya une activité débordante. Il développa l'agriculture, créa des industries, ouvrit des voies de communication, planta des forêts et des parcs – sa manie –, restaura des monuments, attira tout un monde d'artistes et d'écrivains. Du coup, les grandes familles rouvrirent leurs palais, nombre d'Espagnols entreprenants suivirent le mouvement, et grâce à Montpensier la ville ressuscita. De nos jours encore, son souvenir y est partout présent et, cent ans après sa mort, son nom y sert toujours de passeport à ses descendants.

Si la reine Isabelle croyait l'avoir assagi en l'exilant, elle se trompait fort. Cette sympathique et voluptueuse souveraine, montée sur le trône dès son enfance, avait vu son règne ponctué de tant de coups d'Etat qu'elle en était blasée. Le dernier pourtant au lieu de lui imposer comme d'habitude tel ou tel général, la renversa et l'expédia en exil à Paris. Les Espagnols se cherchèrent un roi et Montpensier trépignant d'impatience se lança dans mille intrigues pour se faire attribuer le trône de sa belle-sœur. Le gouvernement provisoire commença par l'exiler courtement. Du Portugal il s'agita encore plus. Le parti qui le soutenait s'étoffait de jour en jour. Son attitude, ses propos devinrent tellement insultants pour la reine déchue que le beau-frère de celle-ci, le duc de Séville, indigné, le provoqua en duel au pistolet. De nombreuses versions existent de cette scène célèbre. Selon la tradition familiale, le duc de Séville était le meilleur tireur d'Espagne et le duc de Montpensier, myope comme une taupe, n'avait

Autour de la guerre de 1870

ORLÉANS HOUSE À TWICKENHAM
Forcé comme tous les siens à l'exil, le duc d'Aumale, le plus riche de la famille, s'était installé dans une belle maison aux portes de Londres. Il y recevait fastueusement tout ce qui comptait en Angleterre et à l'étranger.

aucune chance de s'en tirer... Pourtant, du premier coup, Montpensier étendit Séville raide mort. Il avait sauvé sa peau, mais le scandale fut tel que ses chances d'arriver au trône s'évanouirent en fumée, d'autant que le gouvernement provisoire se choisissait un roi en la personne d'Amédée de Savoie, duc d'Aoste. Devant l'instabilité qui se prolongeait en Espagne et les attentats répétés qui mettaient sa vie constamment en danger, celui-ci eut la sagesse de ne pas insister et se retira au bout de quelques mois de règne.

L'Espagne, de nouveau, avait besoin d'un roi. La candidature Montpensier étant exclue, on avança celle d'un prince de Hohenzollern, cousin du roi de Prusse, choix qui conduisit à la guerre franco-prussienne de 1870.

À l'idée de voir leur pays en guerre et bientôt envahi, le sang des Orléans ne fait qu'un tour. Impossible cependant de s'engager dans l'armée, étant donné que Napoléon III est au pouvoir. Mais la chute de l'Empire fait renaître l'espoir. Tous les hommes valides de la famille demandent à se battre à n'im-

Autour de la guerre de 1870

porte quel poste, à n'importe quel rang, sous n'importe quel pseudonyme. Hélas, le gouvernement provisoire les récuse tous...

Aux jours les plus sombres de la guerre, les armées françaises se sont repliées bien en deçà de Paris. Le général Martin d'Epallière, en proie aux plus tristes pensées, est soudain distrait par une demande d'audience émanant d'un certain colonel Lutherod, américain de nationalité.

Le général n'a d'autre endroit pour le recevoir que la cage de l'escalier. L'homme, grand, imposant, dépasse à peine la cinquantaine. « Me reconnaissez-vous ? » Le général ne reconnaît rien. « Je suis le prince de Joinville. Rappelez vos souvenirs, c'est moi qui ai lancé votre carrière, voulez-vous m'aider à finir la mienne ? » Il explique qu'il a demandé à toutes les autorités l'autorisation de s'engager, et que partout il a été chassé. « J'ai demandé, mais en vain, à servir comme simple volontaire perdu dans la foule, ignoré, sous un nom d'emprunt. N'aurez-vous pas pitié de l'affreuse situation qui m'est faite ? Je ne vous demande ni grade ni position..., rien que la permission de me perdre parmi les volontaires qui combattent à vos avant-postes. Vous n'entendrez jamais parler de moi. Vous-même ne m'avez pas reconnu. Qui se rappelle aujourd'hui le prince de Joinville ? Qui pourrait reconnaître celui que trente ans d'exil et de chagrin ont rendu étranger à tous ? » Mais le général connaît trop bien l'hostilité du gouvernement provisoire contre les Orléans : la mort dans l'âme, il refuse, malgré le désespoir qu'il lit dans le regard du prince de Joinville. Celui-ci lui serre la main et disparaît. Il refusera pourtant de se soumettre. Il suivra l'armée, aidant là où il peut, donnant des conseils.

Au début, on le soupçonna d'espionnage. Puis les soldats français, comme naguère les soldats américains de la guerre de Sécession, s'habituent à « l'homme au grand chapeau », toujours là pour les encourager et leur prodiguer un conseil judicieux. En même temps, il continue à bombarder le gouvernement de demandes d'engagement. Finalement, Gambetta le déclare danger public et lui ordonne de quitter le territoire. Joinville s'accroche à sa patrie. Il sera finalement arrêté et expulsé manu militari.

Quelques semaines plus tôt, un jeune homme nommé Robert Lefort a réussi à se faire engager dans les gardes mobiles de Seine-Maritime. Il n'a pu décrocher une troupe plus prestigieuse faute de pouvoir se mettre en règle avec l'intendance. Il est affecté dans la région de Gisors, que tiennent en partie les Prussiens, et où la population, déchirée comme tout le pays par la guerre, manifeste son hostilité. Le premier soin du capitaine Robert Lefort est de rassembler ses gardes mobiles et de disperser les manifestants. Il fait des reconnaissances, participe à plusieurs escarmouches. Les Prussiens semblant toujours plus invincibles, les troupes françaises doivent abandonner la région et reculer. Au cours de cette retraite effectuée en plein hiver, dans des conditions extrêmement difficiles, le général Briant est tellement frappé par l'énergie, le courage et le sens de l'initiative du capitaine Lefort qu'il le prend dans son état-major, l'incorporant enfin dans l'armée régulière de ligne. Le jeune officier est si chaudement recommandé que Gambetta signe son avancement et le nomme chef d'escadron. Il participe à la bataille du Mans, puis ses connaissances en allemand

GROUPE DE FAMILLE
Debout de gauche à droite :
anonyme, le duc d'Aumale, le prince Henri d'Orléans, la princesse de Joinville, la princesse Marie d'Orléans, le prince Jean d'Orléans futur duc de Guise, le prince de Joinville, le comte de Paris.
Assis : deux personnages anonymes, la comtesse de Paris, la duchesse de Montpensier, la princesse Marguerite d'Orléans, le duc de Montpensier.

Autour de la guerre de 1870

— Autour de la guerre de 1870 —

le désignent pour une mission moins prestigieuse et plus essentielle : il est chargé de discuter avec les Prussiens des conditions d'armistice. Grâce à sont art de la dialectique et à sa ténacité, une partie de la Normandie échappe à la terrible occupation prussienne. En février 1871, les préliminaires de paix sont votés par l'assemblée et l'armée française est démobilisée.

Robert Lefort n'a plus qu'à disparaître pour redevenir le duc de Chartres. Il n'avait fait qu'emprunter le nom de son lointain ancêtre, Robert dit le Fort, qui au IXe siècle assura la fortune de la famille en devenant comte de Paris et duc de France. Personne, du côté français, n'avait deviné sa véritable identité, ce qui lui avait évité les humiliations de son oncle Joinville. Côté allemand, on avait su que le duc de Chartres se battait sous un faux nom, et un émissaire de la famille royale de Prusse avait demandé aux Orléans à Londres sous quel pseudonyme il se cachait afin que, s'il devait être fait prisonnier, il fût traité avec les honneurs dus à son illustre rang. Réponse du duc d'Aumale à l'intermédiaire : « Chartres est là où il doit être. Si vous le faites prisonnier, fusillez-le, pendez-le, brûlez-le même si vous le voulez. Il fait son devoir, et nous ne dirons pas le nom sous lequel il se cache pour l'accomplir. »

LE DUC DE CHARTRES
PENDANT LA GUERRE DE 1870.
Lorsque la guerre éclate entre la France et la Prusse, tous les princes d'Orléans en âge de se battre demandèrent à s'engager. La République les récusa. Seul Robert d'Orléans réussit à se faire inclure dans un régiment sous le pseudonyme de Robert Lefort.

Page suivante :

LES ORLÉANS EN BERLINE.
Louis-Philippe avait légué à ses descendants son goût des transports en commun. Dans cette imposante voiture de voyage, on distingue, tenant les rênes, le duc d'Aumale à côté de sa femme coiffée d'un chapeau à voilette. Derrière eux le comte et la comtesse de Paris. Une dame d'honneur se penche à la fenêtre du véhicule.

―― Autour de la guerre de 1870 ――

PHILIPPE COMTE DE PARIS.
La chute du Second Empire rouvrit les portes de la France aux Orléans. Philippe comte de Paris ayant récupéré et sa patrie et sa fortune, se posa en prétendant. Il commença par se faire tirer le portrait, sur la terrasse de son château d'Eu.
Avant que le photographe n'opère, il attend patiemment en lisant son journal.

INFANTE ISABELLE D'ORLÉANS, COMTESSE DE PARIS.
Elle porte ici la somptueuse parure de saphirs et de diamants dite de Marie-Antoinette. Les bijoux appar-

Page de droite :
LE DUC ET LA DUCHESSE DE MONTPENSIER.
Antoine d'Orléans, duc de Montpensier (1824-1890) était le dernier fils de Louis-Philippe. Il aimait l'intrigue, cultivait l'ambition et passait auprès des siens pour redoutable. Il avait épousé l'infante Marie-Louise Fernande d'Espagne, fille de Ferdinand VII, roi d'Espagne, et sœur d'Isabelle II. On les voit ici déguisés pour le bal costumé du duc de Fernan-Nuñez à Madrid. Lui en algérien, elle en juive tangéroise.

tinrent en tout cas à l'impératrice Joséphine, puis à sa fille la reine Hortense qui les vendit à Louis-Philippe. Elle resta l'apanage de la femme du chef de la Maison de France, jusqu'à l'actuelle comtesse de Paris. Elle se trouve aujourd'hui exposée au Louvre dans la galerie d'Apollon.

Autour de la guerre de 1870

— Autour de la guerre de 1870 —

Sophie de Bavière,
duchesse d'Alençon
(1847-1897).

Elles étaient cinq sœurs, duchesses en Bavière, toutes plus belles les unes que les autres, toutes destinées à une fin tragique. L'aînée, la princesse de Tour et Taxis, mourut bien jeune. L'impératrice d'Autriche, Elisabeth, sera assassinée ; la reine de Naples, détrônée ; la comtesse de Trani verra son mari se suicider presque sous ses yeux. Sophie avait été fiancée à son cousin, le roi Louis II, mais les excentricités et les atermoiements de ce dernier lui firent accepter avec soulagement la rupture des fiançailles. En acceptant d'épouser Ferdinand d'Orléans, duc d'Alençon, peut-être croyait-elle échapper à la malédiction. Cependant le sort terrible la rattrapa puisqu'elle mourut brûlée vive dans l'incendie du Bazar de la Charité.

Page de droite :
Marguerite d'Orléans,
princesse Czartoryski
(1846-1893).

La fille aînée du duc de Nemours épousa le chef de la première famille de Pologne, Ladislas Czartoryski, possesseur d'innombrables palais, châteaux et terres. La belle Marguerite d'Orléans habita ainsi le somptueux hôtel Lambert à Paris et à Cracovie le palais Czartoryski, aujourd'hui encore, un des plus riches musées d'Europe. Grâce à elle, le sang des Orléans coule dans les veines d'une bonne partie de l'aristocratie polonaise.

CHAPITRE 4

1871-1886

L'espoir brisé

DÉPART POUR L'EXIL DU COMTE DE PARIS
À la suite d'une loi votée par le Parlement, le comte de Paris, après avoir fait ses adieux aux royalistes venus le saluer, partit pour l'exil le 24 juin 1886. Une foule nombreuse le suivit du château d'Eu jusqu'au Tréport où il s'embarqua sur un steamer à destination de l'Angleterre. Sur la photo, les voitures l'amènent avec sa famille au navire à bord duquel il quittera la France pour toujours.

La chute du Second Empire rouvrit la porte de la France aux Orléans. La République, malgré son hostilité, ne pouvait maintenir en exil ces victimes de Napoléon III, qu'elle venait de renverser. Mais les Orléans trouvèrent en face d'eux le minuscule et redoutable Adolphe Thiers. Cette invention de Talleyrand avait dû sa carrière à Louis-Philippe qui l'avait hissé jusqu'au poste de Premier ministre. Thiers ne pouvait s'opposer ouvertement aux enfants de son bienfaiteur et pourtant il les craignait. L'écrasement de la Commune l'avait porté au pouvoir quasi absolu : il n'avait aucune envie de le partager, encore moins de le céder aux Orléans qui, à cause de la situation désespérée de la France, à cause de leur prestige intact, bénéficiaient d'une popularité déferlante.

Thiers tâcha sourdement de leur créer mille complications, auxquelles les Orléans passèrent outre et ils forcèrent la porte de leur patrie en y débarquant sans crier gare. Une fois en France, il était impossible de les en chasser. La loi d'exil fut abrogée.

Le comte de Paris, débarquant dans la capitale, eut l'horrible surprise de voir une carcasse noirâtre à la place du somptueux palais des Tuileries qui avait abrité ses premières années. La Commune était passée par là. Chef de sa Maison et des royalistes orléanistes, il n'était pas question pour lui de descendre dans la lice politique. Ses oncles, eux, le pouvaient. Du reste, Thiers les recevait, les cajolait et leur mettait tous les bâtons possibles dans les roues. Joinville et Aumale présentèrent leur candidature aux élections et furent élus triomphalement. De plus en plus, on parlait d'Aumale comme président de la République. Lui seul aurait pu rassembler la France divisée, la faire renaître de ses cendres et surtout tenir tête aux exigences des Allemands vainqueurs. Thiers prit peur. Pensant noyer les velléités des Orléans dans l'or, il leur fit restituer leur énorme fortune confisquée par Napoléon III. En fait, Thiers n'aurait éprouvé aucune crainte s'il avait connu le véritable caractère du duc d'Aumale. Pour prendre le pouvoir, il aurait fallu un coup inédit, une initiative audacieuse. Or, le duc d'Aumale s'accrochait à la légalité. Il ne

1871 - 1886 • L'espoir brisé

AMÉLIE DE FRANCE
ET CARLOS DU PORTUGAL
FIANCÉS (1886).
La fille aînée du comte de Paris, Amélie, filleule de la vieille reine Marie-Amélie, a « décroché » un fiancé prestigieux, l'héritier du Portugal, le duc de Bragance, futur Carlos Iᵉʳ. À l'occasion de leurs fiançailles, le comte de Paris offrit à Paris en l'Hôtel Matignon une réception si retentissante qu'elle lui valut d'être exilé.

deviendrait président de la République que si on lui offrait la place. Il laissa donc passer l'occasion. Cependant, Thiers continuait à tellement le redouter qu'il le nomma au poste le plus compromettant possible. Il le chargea, en tant que général le plus ancien de l'armée française, de présider le tribunal militaire constitué pour juger le maréchal Bazaine. A la fin de la guerre franco-prussienne, ce vétéran s'était rendu, apparemment sans raison, avec des forces intactes et un armement considérable ; aussi l'opinion réclamait-elle à cor et à cri la condamnation de celui qu'elle considérait comme l'artisan de la défaite. Bazaine se défendit avec l'énergie du désespoir : « A quoi bon prolonger une résistance inutile ? répétait-il. L'armée de Mac-Mahon prisonnière, le gouvernement impérial renversé, il ne restait plus rien... – Il restait la France, monsieur », lui répliqua le duc d'Aumale. Et Bazaine fut condamné à la prison perpétuelle. Dans cette triste affaire, le duc d'Aumale, loin d'y laisser des plumes, en gagna par la dignité dont il fit preuve. Ce qui ne l'empêcha pas de garder rancune à Thiers et lorsque la mort, quelques années plus tard, vint emporter ce dernier, il envoya à Mme Thiers une lettre formelle de condoléances, et à son frère Joinville ce simple mot : « Ouf ! » Seulement, il se trompa d'enveloppe, et ce fut la toute récente veuve qui reçut la laconique épitaphe, non sans une certaine surprise.

Cependant, et malgré Thiers, les Orléans voyaient le trône se rapprocher d'eux. Les élections qui avaient porté à la députation Joinville et Aumale avaient aussi envoyé à la Chambre une majorité monarchiste, mais elle était divisée. D'un côté les orléanistes se rangeaient derrière le comte de Paris, de l'autre les légitimistes soutenaient les Bourbons, naguère évincés par Louis-Philippe, et militaient pour le petit-fils de Charles X, qui avait pris le titre de comte de Chambord. Bien entendu, les orléanistes ne voulaient pas entendre parler de ce dernier, et les légitimistes abhorraient les Orléans.

Il fallait se faire une raison. Deux candidats au trône, cela signifiait pas de trône du tout. Il fallait donc opérer la fusion

1871 - 1886 • L'espoir brisé

LA COMTESSE DE PARIS
ET LA DUCHESSE DE CHARTRES
SUR UN PONEY SHETLAND

Les deux cousines, Françoise d'Orléans, duchesse de Chartres, et Isabelle d'Orléans, comtesse de Paris, devenues belles-sœurs, ne s'aimaient guère. Néanmoins, elles gardaient les apparences, d'où cette photo qui voudrait témoigner d'une profonde affection.

entre les deux branches de la Maison de France, les Orléans et les Bourbons. L'idée n'était pas neuve : les fils de Louis-Philippe avaient déjà fait des tentatives en ce sens, mais du vivant de la duchesse d'Orléans, mère du comte de Paris, violemment opposée à cette idée, elles avaient toutes avorté. L'idée revenait sur le tapis avec l'obligation d'aboutir au plus vite. Le comte de Chambord, lui, était prêt à accueillir les Orléans... pourvu qu'ils reconnaissent son droit d'aînesse, et se rangent derrière lui. Pour les Orléans, cette obligation équivalait à offenser gravement la mémoire de leur père et grand-père Louis-Philippe. Cependant l'amère pilule était adoucie par le fait que le comte de Chambord n'ayant pas d'enfant, et de toute évidence sans espoir d'en avoir, le droit d'hérédité à la couronne faisait du comte de Paris son seul et légitime héritier. Les Orléans n'avaient donc qu'à se soumettre au comte de Chambord. Celui-ci, assuré de la majorité au Parlement, monterait sur le trône, et à sa mort le comte de Paris lui succéderait tout naturellement.

Le comte de Chambord, malheureusement, exigea une soumission absolue des Orléans. Les fils de Louis-Philippe, fidèles à la mémoire de leur père, grondèrent. Le comte de Paris passa outre, se rendit en Autriche où résidait le prétendant légitimiste, offrit solennellement sa soumission, et la fusion s'opéra automatiquement. On n'eut plus qu'à préparer l'intronisation solennelle du Bourbon comme roi de France. On frappa les monnaies à son effigie, on commanda les carrosses et les manteaux de cour, lorsque, au dernier moment et à la stupéfaction générale, éclata l'affaire du «drapeau blanc». La Deuxième République, puis le Second Empire, avaient bien entendu gardé le drapeau tricolore inventé par la Révolution, glorifié par Napoléon Ier, et qu'avait repris Louis-Philippe. Personne ne songeait à en changer, lorsque le comte de Chambord déclara que pour rien au monde il n'accepterait ce symbole pour lui odieux et que l'emblème de la France ne pouvait être que le seul drapeau blanc fleur-de-lysé d'or qui avait été celui de ses ancêtres (ce en quoi il faisait une erreur historique, puisque cet étendard avait été celui de certains régiments des Bourbons et non celui du royaume).

On crut d'abord à un caprice qui ne durerait pas, ou à une quelconque intrigue tortueuse destinée à faire pression. Les partisans du comte de Chambord en tête, tous tentèrent de le fléchir. Sans succès. Chambord s'entêta et on dut bientôt se rendre à l'évidence effarante qu'il en faisait une question sine qua non. Devant cette exigence saugrenue, les républicains, déjà résignés à leur défaite, relevèrent la tête, les orléanistes grognèrent, les bonapartistes ricanèrent. On offrit au comte de Chambord le choix entre le trône avec le drapeau tricolore, ou rien du tout. Le Bourbon se drapa si l'on peut dire dans ses principes et son entêtement, faisant le désespoir de ses partisans. A tel point que l'un d'eux, prélat fort répandu, soupirait : « Seigneur, ouvrez-lui les yeux... ou alors fermez-les-lui... » L'occasion fut manquée et il n'y eut pas de rétablissement de la monarchie. Les orléanistes firent bonne figure contre ce coup inattendu du sort, se consolèrent en se disant qu'il n'y avait plus qu'à attendre la mort du comte de Chambord pour que le comte de Paris lui succédât, acceptât le drapeau tricolore, et montât sur le trône. Mais le comte de Chambord était jeune, en bonne santé, et bien des choses pouvaient changer si Dieu ne se pressait pas de le rappeler à Lui. Entre-temps, on vendit les somptueux instruments commandés pour son intronisation. Le roi de Grèce, Georges Ier, acheta le carrosse destiné à l'entrée solennelle de ce roi de France qui ne fut jamais. Et depuis, toutes les mariées de la famille royale grecque ont emprunté cette voiture le jour de leur mariage, jusqu'à l'actuelle reine d'Espagne, Sophie de Grèce, et à la reine Anne-Marie, femme de Constantin.

Tout le monde s'interrogea, et s'interroge encore, sur les raisons du comte de Chambord, car personne ne crut au prétexte jugé par trop léger du drapeau blanc. On alla jusqu'à évoquer des pressions occultes de Bismarck ou la survivance de Louis XVII qui aurait fait de Chambord un usurpateur. Selon les Orléans, la vérité était beaucoup plus simple. Le comte de Chambord avait épousé une princesse de Modène, laide, disgracieuse, timide et désagréable. A l'idée d'affronter les élégantes Parisiennes et ce peuple français si versatile et moqueur, cette provinciale crut défaillir de terreur. Elle ne voulait à aucun prix devenir reine de France, préférant de loin l'obscurité confortable de son exil. Elle aurait poussé son mari à s'accrocher dans son indéfendable position afin de faire échouer le rétablissement de la monarchie.

Les Orléans digérèrent leur déception et même leur bien compréhensible rancœur. Ils étaient dans la place, c'est-à-dire en France, et la République ne fut pas ingrate envers ceux qui s'étaient battus pour la patrie. Elle appela le duc de Chartres au 3e chasseurs et l'envoya en Algérie pacifier la région de

LA COMTESSE DE PARIS
ET LA PRINCESSE HÉLÈNE DE FRANCE
DEVANT STOWE HOUSE.
L'exil l'ayant ramené en Angleterre, le comte de Paris s'installa à l'est de Londres dans l'immense château loué au duc de Buckingham. Stowe House, célèbre pour les « fabriques » qui ornent son parc, est aujourd'hui devenu une école. Devant la façade néo-classique, la comtesse de Paris et sa fille, la princesse Hélène, en amazones, accompagnées de plusieurs familiers.

1871 - 1886 • L'espoir brisé

Constantine. Comme son père, le feu duc d'Orléans, comme ses oncles, Robert d'Orléans découvrit l'Afrique du Nord, ses paysages exaltants, ses villes mystérieuses mais aussi ses embuscades, ses dangers impalpables. Chartres aima l'Algérie, il s'y dépensa et en éprouva une satisfaction profonde.

De son côté, Aumale, après avoir été nommé au Conseil supérieur de la guerre nouvellement créé, est envoyé commander la 7e division à Besançon. Au bout de quelques mois il devient le véritable monarque de la Franche-Comté. Sa valeur étant de plus en plus reconnue, la République lui confie des missions qui témoignent de la confiance qu'elle lui accorde. De son côté, puisqu'il y a République, il la respecte. « Vive la République », lui crie un groupe d'ouvriers hostiles alors qu'il est en tournée d'inspection à Nîmes. « Vive la République », leur réplique-t-il sans sourciller. Grâce à quoi, il fraye avec tous les gouvernements et dîne fréquemment à l'Élysée. Ses talents littéraires, sa monumentale *Histoire des princes de Condé* le font élire à l'Académie française, et pour son discours de réception il prononce un brillant éloge de son prédécesseur Montalembert. Le veuvage l'attriste mais simplifie sa vie privée au point qu'il peut même s'afficher avec une des très importantes cocottes de son temps. Léonide Leblanc, née tout en bas de l'échelle sociale, en a grimpé rapidement les échelons grâce à ses rôles sur scène, où elle brille. Ses amants illustres ne se comptent plus qui la couvrent d'or et de pierreries, mais c'est le séduisant duc d'Aumale qui retient son attention, et pour un peu la rendrait presque fidèle.

Tout paraît sourire au plus populaire des Orléans lorsque le malheur le frappe. Le duc de Guise, son dernier enfant vivant, lui aussi d'une constitution délicate comme son aîné, feu le prince de Condé, meurt en quelques jours d'une typhoïde. Il avait dix-huit ans. « On le met dans le cercueil le matin, écrit son père dans son journal, il me semble que j'ai épuisé la douleur. Ma foi sera vive. Je crois être sûr que ce cher enfant est avec sa mère et son frère, que tous trois jouissent de l'éternelle clarté,

lux perpetua. Quand donc pourrai-je les rejoindre ? Je me sens très calme. Grande affluence autour du cercueil blanc, oui blanc, âme et corps purs. »

La légitimité incarnée par le comte de Chambord qui manqua triompher en France connaît un succès inespéré chez le voisin. L'Espagne, après s'être offert nombre de candidats au trône, et un nombre encore plus considérable de coups d'État et de rebondissements, rappelle ses souverains légitimes. Cependant, la reine Isabelle, trop compromise, doit s'effacer devant son jeune fils, Alphonse XII, qui ceint la couronne en 1874. Le nouveau roi et sa mère, faisant la tournée du pays, arrivent à Séville et logent au vieux palais des émirs arabes, Los Alcazares. A un jet de pierre se dresse le palais de San Telmo, résidence des Montpensier. Le duc, avec l'âge et peut-être les échecs, s'est assagi et se contente de se livrer sans limite à ses passions de bâtisseur, de collectionneur et de jardinier. Il remplit les galeries et les salons de son palais baroque d'une admirable collection de tableaux et fait briller de tous leurs ors les immenses rétables de sa chapelle vaste comme une église. Il enrichit d'essences rares son parc que, plus tard, sa veuve léguera à la ville et qui portera son prénom, Parque Maria Luisa. Il hérite d'une noble Génoise éprise de royautés le titre de duc de Galliera, qu'il laissera à son fils, et un autre énorme palais à Gênes. Il y réside une partie de l'année pour y tenir une véritable cour. En Espagne, malgré son repentir, son passé le maintient quelque peu à l'écart. Lui et sa femme restent brouillés avec leur sœur et belle-sœur la reine Isabelle qui justement, à peine arrivée aux Alcazares, fait ses recommandations à son fils. Pas question de voir les Montpensier. Pas même question d'approcher de San Telmo.

Quelle est la première chose que fait le jeune Alphonse XII ? Bien entendu, sauter le mur, en l'occurrence la grille du parc de San Telmo. La curiosité le dévore d'apercevoir ses parents proches, présentés par la bouche de sa mère comme des monstres affreux et détestables. Se dissimulant derrière les buissons, marchant à pas de loup, il tombe au détour d'une allée sur

1871 - 1886 • L'espoir brisé

une ravissante jeune fille qui commence par pousser un cri de peur. Puis elle le regarde, il la regarde, et à l'instant ils tombent éperdument amoureux l'un de l'autre, avant même de découvrir qu'ils sont cousins germains, puisque la jeune fille n'est autre que l'infante Mercedes, l'une des filles des Montpensier. Le jeune roi revient aux Alcazares pour déclarer à sa mère qu'il n'épousera que Mercedes. La reine Isabelle commence par pousser les hauts cris, puis elle se laisse attendrir. La sincérité de son fils la convainc, elle qui a connu d'innombrables aventures mais jamais l'amour. C'est aussi l'occasion d'une réconciliation tant souhaitée, et les Sévillans attendris assistent aux *abrazos* vigoureux que se donnent les deux sœurs, Isabelle et Marie Louise Fernande, si longtemps séparées. Tout est donc rentré dans l'ordre et le mariage peut avoir lieu à Madrid dans la plus grande pompe. Alphonse et Mercedes continuent d'être fous amoureux l'un de l'autre, et le trône d'Espagne n'a jamais connu romance plus émouvante. Cinq mois plus tard, une épidémie emporte en deux jours la reine Mercedes, qui avait à peine dix-huit ans. Alphonse XII aura beau se remarier pour raison d'Etat avec une archiduchesse d'Autriche dont il aura plusieurs enfants, pas un instant il ne cessera de penser à Mercedes, et c'est

LA PRINCESSE ISABELLE, LA PRINCESSE LOUISE ET LE PRINCE FERDINAND DE FRANCE EN COSTUME ÉCOSSAIS.

Habitant l'Angleterre, le comte de Paris et sa famille se plièrent à ses coutumes. Tous les ans, à la saison de la chasse, ils partaient pour l'Ecosse. Ici, ses trois plus jeunes enfants posent en costume écossais. La princesse Isabelle deviendra duchesse de Guise, la princesse Louise infante d'Espagne, et le prince Ferdinand sera titré duc de Montpensier.

1871 - 1886 • L'espoir brisé

LE DUC ET LA DUCHESSE
DE MONTPENSIER AVEC LA PRINCESSE
AMÉLIE DE FRANCE.
Les enfants de la comtesse de Paris restaient très liés à leurs grands-parents maternels, le duc de Montpensier et l'infante Marie-Louise Fernande, auxquels ils rendaient fréquemment visite. Le duc de Montpensier passait une partie de l'année à Gênes dans un palais que lui avait légué une millionnaire excentrique, la duchesse de Galliera, d'où cette photo, avec son décor vénitien de carton-pâte, probablement prise en Italie. Le jeune homme qui tient la rame est le fils aîné des Montpensier, prénommé Antoine comme son père.

en murmurant le prénom de sa première femme qu'il mourra à la fleur de l'âge dans les bras de la seconde.

En 1883, Dieu qui avait pris tout son temps rappela à Lui le comte de Chambord, prétendant légitimiste. « Enfin », soupirèrent les orléanistes. Le comte de Paris, chef des orléanistes, se rendit à son chevet et recueillit avec son dernier souffle son héritage. Il était désormais le chef incontesté de la Maison de France et le seul prétendant au trône. En ces qualités, il s'attendait à présider aux funérailles solennelles de son prédécesseur. La comtesse de Chambord s'y opposa. Haïssant depuis toujours les Orléans, elle voulut à tout prix faire passer les neveux Bourbon-Parme de son mari avant le comte de Paris. Ils étaient effectivement plus proches parents, mais étrangers, et dans cette cérémonie essentiellement française, c'était le Français, le successeur, qui passait avant tout le monde. Le comte de Paris et les siens s'abstinrent de paraître aux funérailles. Tous les Français, même les légitimistes, blâmèrent la comtesse de Chambord, et les monarchies, unanimement, reconnurent le comte de Paris.

Le Prétendant fit savoir que le roi, il porterait le nom de Philippe VII, et non de Louis-Philippe II. Ses oncles, voyant piétinée la mémoire de leur père, le roi bourgeois, grondèrent. Il faut cependant comprendre le comte de Paris. Depuis deux cents ans, depuis Monsieur, frère de Louis XIV et origine de leur tige, les Orléans souffraient de leur position de cadets qui leur avait valu insultes, avanies, soupçons et jalousies. Le sort les faisait enfin accéder à la position tant enviée d'aînés. L'extinction de la branche française des Bourbons leur enlevait le stigmate d'usurpateurs, et le comte de Paris pouvait renouer avec « les quarante rois qui firent la France ». Trop tard, soupirèrent ses partisans. Presque dix ans s'étaient passés depuis que la monarchie avait manqué être rétablie. Entre-temps, la France s'était relevée, la République s'était consolidée, et l'idée monarchique avait fondu.

Cela ne découragea pas le comte de Paris. Il s'installa en France, et mena grand train entre ses somptueux châteaux d'Eu et d'Amboise, minutieusement restaurés par Louis-Philippe. Sans contredire jamais la République, il multiplia les contacts, les initiatives, il se fit connaître, il prit de l'importance. Son frère Chartres, ses oncles, ses cousins servaient dans l'armée française. On avait beau être en république, tout le monde voyait les Orléans, parlait des Orléans, pensait aux Orléans. Cinq ans se passèrent. Preuve du rehaussement de position des Orléans, le comte de Paris put fiancer sa fille aînée Amélie au prince héritier du Portugal, Carlos, sans protestation des puissances. À cette occasion, il décida de mettre les petits plats dans les grands. Il habitait alors l'Hôtel Matignon, où il organisa pour les fiançailles de sa fille une réception destinée à faire grand bruit.

Toute la société française et les plus grandes figures littéraires et artistiques furent invitées. Le corps diplomatique au complet s'y rua, et l'on put croire que les ambassadeurs étaient accrédités auprès du Prétendant. Par contre, pas un seul ministre ne fut invité. Le comte de Paris se montra là bien imprudent. Il ignorait en effet que personne au monde ne raffole plus d'invitations royales que les représentants de la République. Les ministres grincèrent des dents et proclamèrent la République en danger. Le général Boulanger, alors ministre de la Guerre, trouva là une façon de faire parler de lui. Pour plaire à la gauche, il exigea l'exil immédiat des chefs de famille ayant régné sur la France et de leurs héritiers directs. Le Parlement vota la loi. Cela ne suffit pourtant pas à Boulanger qui réclama l'expulsion de tous les princes d'Orléans de l'armée française. Il emporta aussi cette mesure inique. On lui rappela qu'il devait son rang au duc d'Aumale. Il le nia. On publia la photo de sa lettre de remerciements serviles qu'il avait envoyée au duc d'Aumale lorsqu'il avait obtenu ses étoiles. Il assura qu'il s'agissait d'un faux. Et le comte de Paris dut prendre le chemin de l'exil. Douze mille royalistes firent le voyage jusqu'au château d'Eu pour le saluer une dernière fois. Pendant l'interminable défilé, se tenait derrière lui, avec la famille, le duc d'Aumale. Les larmes coulaient sur son visage de pierre. Le comte de Paris se rendit au Tréport afin de s'embarquer pour l'Angleterre. Au moment où on larguait les amarres, il cria à la foule massée sur le quai : « Vive la France ! Au revoir, mes amis. » C'était le 24 juin 1886.

PHILIPPE DUC D'ORLÉANS EN INDE
PENDANT SON SERVICE
DANS L'ARMÉE BRITANNIQUE.
Pour assagir son fils aîné, et puisque l'armée française lui restait fermée par l'exil, le comte de Paris le fit engager dans l'armée britannique. Il fit une partie de son service militaire en Inde, d'où il en profita pour visiter de nombreux recoins d'Asie.

1871 - 1886 • L'espoir brisé

Double page précédente :
LA FAMILLE ROYALE ANGLAISE
REND VISITE AUX ORLÉANS.
Depuis George IV, les liens restaient étroits entre la dynastie britannique et les Orléans. Témoin, cette visite du prince et de la princesse de Galles.
– *Assis de gauche à droite :* la duchesse de Montpensier, la princesse Clémentine, la duchesse d'Albany tenant sa fille Alice, future comtesse d'Athlone, la princesse Louise de France, la comtesse de Paris tenant le prince Ferdinand de France, la princesse de Galles Alexandra de Danemark, le petit prince Charles Édouard de Grande-Bretagne, futur duc de Saxe-Cobourg Gotha, la duchesse d'Alençon, la princesse Isabelle de France, future duchesse de Guise.
– *Debout :* anonyme, la duchesse d'Edimbourg née grande-duchesse Marie de Russie, la duchesse de Chartres, la princesse Victoria de Grande-Bretagne, fille des princes de Galles, la princesse Hélène de France, le prince de Galles, futur Edouard VII, le duc d'Orléans Philippe, la princesse Marguerite d'Orléans, le comte de Paris, le duc de Nemours... La princesse Louise, future duchesse de Fife, et la princesse Mary de Grande-Bretagne, future reine de Norvège.
– *Au bout de la rangée :* le prince Jean, futur duc de Guise.

LA PRINCESSE ISABELLE DE FRANCE
(1878-1961).
Troisième fille du comte et de la comtesse de Paris, la princesse Isabelle ne possédait pas la haute taille de ses frères et sœurs. Cependant, dès l'adolescence, elle devint d'une beauté telle qu'elle entraîna dans son sillage tous ceux qui l'approchèrent.

1871 - 1886 • L'espoir brisé

PHILIPPE, DUC D'ORLÉANS,
ET LE PRINCE HENRI D'ORLÉANS.
A droite, le fils aîné et héritier du comte de Paris, à gauche, son cousin germain, le prince Henri, fils du duc de Chartres. Tous les deux étaient de joyeux lurons et, suivant une tradition solidement établie dans la Maison d'Orléans, chassaient la femme avec constance.

CHAPITRE 5

1886 - 1896

La diversité des destins

Arrivé en Angleterre, le comte de Paris loua le château de Stowe au duc de Buckingham. Cette vaste demeure précédée d'une colonnade digne de celle de Saint-Pierre reste surtout célèbre pour les gracieuses « fabriques » qui parsèment son interminable parc. Les aînés des enfants de France y galopaient avec leur mère la comtesse de Paris, cavalière émérite, et les petits rangeaient leurs jouets sur le lit à baldaquin naguère occupé par Elizabeth Ire. L'exil sembla donner un regain d'activité au comte de Paris qui suivit la politique française, et même s'en mêla de plus en plus. Il ne tarda pas à soutenir de tout son prestige et de sa considérable fortune ce général Boulanger qui avait tant poussé à le faire chasser de France. Cet ancien gauchiste était devenu entre-temps un danger aux yeux des ministres républicains. Après qu'il eut été rayé des cadres, sa stature en était sortie tellement grandie qu'il s'était fait élire par plusieurs départements. Autour de lui se rassemblaient tous les conservateurs dégoûtés de la République. Il accepta sans sourciller le soutien du comte de Paris. L'opinion populaire qui le portait vers le pouvoir crut à l'imminence d'un coup d'Etat. Au dernier moment, le cœur, ou plutôt le courage, lui manqua. La République en profita pour le menacer de poursuites, d'arrestation, de condamnation. Il s'enfuit à l'étranger et lorsqu'il se suicida sur la tombe encore fraîche de sa maîtresse, les yeux se dessillèrent et l'on s'aperçut que ce Bonaparte en herbe n'avait été qu'une baudruche.

Le comte de Paris n'en était pas à une idée bizarre près. Ce patriote indéniable voulait contrer Bismarck, ce qui était une excellente intention, mais pour ce faire il décida de soutenir le roi Louis II de Bavière, opposant aussi irréductible que faible du Chancelier de fer. Et comment le soutenir sinon en contribuant à éponger les dettes géantes contractées par le « roi fou » pour ses extravagantes constructions ? Ainsi l'argent des Orléans permit-il de poursuivre les travaux de ses châteaux alors unanimement critiqués, et qui constituent aujourd'hui la plus grande recette touristique de la Bavière.

Le duc d'Aumale n'appréciait guère les initiatives de son neveu Paris. Il avait noté les maladresses commises par

LE DUC DE CHARTRES AVEC SON CHIEN.
Après la guerre de 1870, le duc de Chartres, auréolé par ses exploits, put garder l'uniforme français et fut envoyé dans différentes garnisons. Ici il fait poser son chien savant, car comme tous les siens il était fort attaché à ces quadrupèdes.

1886 - 1896 • La diversité des destins

PHILIPPE DUC D'ORLÉANS
(1869-1926).
Il succéda au comte de Paris Philippe. Beau, séduisant, amusant, homme à femmes et dépensier, il aurait pu passer pour un playboy avant la lettre, n'était une profonde mélancolie qui l'habitait, causée par l'exil qui le portait aux quatre coins de la planète, puisqu'il ne pouvait jamais atteindre les seuls rivages qu'il souhaitait connaître, ceux de son pays.

celui-ci lors des fiançailles de sa fille Amélie avec l'héritier portugais. Il n'avait aucune confiance dans Boulanger. Les prises de position du Prétendant le hérissaient. Fort de son expérience, de son prestige, de ses contacts, il estimait que celui-ci gagnerait beaucoup à le prendre comme mentor. De leur côté, le comte de Paris et les siens jugeaient le duc d'Aumale autoritaire et encombrant. Il ne les laissait jamais tranquilles, il voulait se mêler de tout, et surtout, n'ayant plus d'héritier direct, il faisait sans cesse peser le poids de son immense héritage pour imposer ses vues. Le froid entre l'oncle et le neveu s'intensifia. Aussi l'oncle renonça-t-il à la politique pour se tourner vers des plaisirs moins arides.

La Révolution de 1789 avait quasiment mis en ruine le château de Chantilly qui avait été le plus magnifique de France. Le vieux prince de Condé, lorsqu'il l'avait récupéré, n'avait pas trouvé l'énergie de le restaurer. Malmené par les guerres, les révolutions, les exils et les expropriations, le duc d'Aumale n'avait pas eu le temps de s'en occuper. Les loisirs imposés par les circonstances le décidèrent à rendre à Chantilly sa splendeur d'antan. Il fit reconstruire le château dans un style Renaissance, il restaura le parc, décora minutieusement les appartements, peupla les salons de ses inestimables collections qu'il ne cessa d'agrandir. Il lui en coûta plus de cinq millions de francs-or, mais il finit par avoir une demeure digne du grand seigneur le plus fastueux de France.

Il se mit à y recevoir la terre entière, l'impératrice d'Autriche, « Sissi », ou la future tsarine Alexandra, des gloires nationales comme Dumas fils, Saint-Saëns, Zola, Sarah Bernhardt, bref, le château de Chantilly ne désemplissait pas. Tous les appartements étaient occupés, particulièrement un petit entre-sol, sis au-dessus de l'entrée du Petit Château, aujourd'hui tombé dans un triste état d'abandon. Il était réservé à l'année à la comtesse Berthe de Clinchamp... « Plus rien, le vide, la solitude », avait écrit le duc d'Aumale dans son journal lorsque, une vingtaine d'années plus tôt, était morte sa femme. Bien des dames avaient égayé sa vie depuis, mais aucune n'avait remplacé l'épouse. Il aimait à évoquer son souvenir avec celle qui avait été sa dame d'honneur, Berthe de Clinchamp. Avec les années, les maîtresses s'estompèrent et cette dame, douce, intelligente, discrète, s'installa dans sa vie. Elle tenait son intérieur, tout en gardant sa place et en faisant preuve d'un tact exemplaire. Personne ne doutait qu'elle fût sa maîtresse. Un mariage morganatique et secret les unit-il, voilà ce que nul ne sut jamais, bien que la famille du duc d'Aumale le pensât. Ainsi, un voile de mystère recouvrit-il la vieillesse de ce prince, toute sa vie en lumière et si peu mystérieux.

Le duc d'Aumale et ses frères raffolaient de leur unique sœur survivante, Clémentine. Elle n'avait jamais eu la beauté de sa sœur Marie, duchesse de Wurtemberg, ni le romantisme émouvant de son autre sœur, Louise, reine des Belges, mais elle avait eu beaucoup de piquant, au point que le vieux Charles X, grand amateur de femmes dans sa jeunesse, lui avait déclaré : « Si j'avais eu trente ans de moins, vous seriez reine de France, ma nièce. » Elle avait épousé un simple prince de Saxe-Cobourg Gotha. Mais Auguste était frère du roi consort de Portugal, neveu du roi des Belges, cousin germain de Victoria, et, ce qui ne gâtait rien, il avait hérité de l'immense fortune de sa mère, une Hongroise qui remplaçait avantageusement par des millions ses quartiers de noblesse manquants. Installée dans le sombre et somptueux palais Cobourg de Vienne, Clémentine en fit le centre d'une vaste toile d'araignée. Elle était décidée à pousser ses enfants, particulièrement son troisième fils, le préféré. Ferdinand de Saxe-Cobourg cachait sous une prodigieuse culture une ambition démesurée, et ses affectations empêchaient de soupçonner sa détermination et son énergie.

Clémentine avait beau être sourde, elle entendait tout, elle savait tout. Lorsque les Bulgares furent bien malgré eux débarrassés de leur bien-aimé souverain par les Russes, elle y vit la chance de son fils chéri. Elle fit suggérer aux Bulgares d'offrir leur trône au jeune Ferdinand. Les Bulgares s'empres-

MARIE-DOROTHÉE D'AUTRICHE, DUCHESSE D'ORLÉANS (1867-1932).
Cette petite-fille de Clémentine d'Orléans épousa son cousin issu de germains, Philippe, duc d'Orléans. Ce mariage combiné par le duc d'Aumale se révéla peu heureux. La duchesse d'Orléans étant incapable d'avoir des enfants, elle et son mari ne tardèrent pas à se séparer et elle se retira dans ses propriétés de Hongrie. Elle se fit si discrète que les Orléans, son mari le premier, l'oublièrent complètement.

1886 - 1896 • La diversité des destins

FRANÇOISE DE BRAGANCE,
PRINCESSE DE JOINVILLE
(1824-1898).

Elle est la mère de la duchesse de Chartres et du duc de Penthièvre. Dans sa jeunesse, Winterhalter avait parfaitement rendu sa mélancolique beauté. Son visage garde toute sa noblesse, son allure et sa finesse.

ROBERT D'ORLÉANS,
DUC DE CHARTRES
(1840-1920).

Il porte un bonnet en astrakan et se drape dans une cape en peau de mouton, peut-être des souvenirs rapportés de leurs nombreuses expéditions par ses cousins et neveux. Lui-même se montra bien moins atteint du démon des voyages que les autres membres de sa famille.

sèrent d'obtempérer. Les puissances ne virent pas la proposition d'un saint œil, qui concoctaient pour la Bulgarie d'autres projets. Qu'à cela ne tienne : Ferdinand fit le voyage de Vienne à Sofia, caché selon la légende dans les toilettes de l'Orient-Express. Il fut accueilli triomphalement par les Bulgares en mal de souverain, et promptement intronisé. Clémentine accourut, au comble du bonheur, et fit le tour d'un pays qui sortait à peine du Moyen Age, où elle fonda d'innombrables institutions charitables. Mère et fils furent accusés d'illustrer un peu trop bien le sens de l'intrigue qui avait fait la renommée des Orléans. Les puissances se fâchèrent et refusèrent d'entériner le fait accompli. Ferdinand entama le tour des capitales européennes pour tâcher d'arranger les choses. Bien que reçu par la porte de service, il réussit. En visite à Paris, il fit le détour par Chantilly pour voir son oncle Aumale. Sans être annoncé il pénétra dans la salle à manger pendant le déjeuner. Aumale ne le remarqua pas. Ferdinand s'approcha. Toujours pas de réaction d'Aumale. Ferdinand se pencha : « C'est moi, mon oncle, c'est Ferdinand. — Ah, Ferdinand, je suis comme l'Europe, je ne t'avais pas reconnu. »

Et le jeu de yoyo des trônes continua. L'empereur du Brésil, le libéral Pedro II, l'ami de Victor Hugo et de Darwin, avait décidé de mettre fin à l'esclavage qu'il considérait comme une honte pour son pays. Ce fut sa fille aînée et héritière la comtesse d'Eu qui signa le décret d'abolition, lors d'un voyage de son père à l'étranger. De retour au Brésil, le souverain le contresigna, mais lucide, murmura : « Je signe par là mon abdication ». Il n'ignorait pas que cette mesure heurtait de très gros intérêts, qui d'ailleurs ne tardèrent pas à se manifester sous forme d'un pronunciamiento. L'empereur, qui se trouvait alors en sa villégiature de Petropolis, accourut à Rio pour tâcher de rétablir la situation. Il fut fait prisonnier, ainsi que sa famille, en son palais de San Cristobal, sa déposition lui fut signifiée et il fut expédié avec les siens à l'étranger. La monarchie brésilienne fut ainsi la seule de l'histoire à avoir été renversée par

1886 - 1896 • La diversité des destins

1886 - 1896 • La diversité des destins

MARIE-LOUISE FERNANDE,
DUCHESSE DE MONTPENSIER.
La mode au XIXᵉ siècle était aux reconstitutions historiques. Ici, la belle-fille de Louis-Philippe, porte un somptueux costume Renaissance, évoquant la tenue de Catherine de Médicis, sa lointaine ancêtre.

la droite et non par la gauche. Les descendants des libérés gardent encore un souvenir reconnaissant à leurs libérateurs et, à chaque Carnaval, Noirs et Noires couverts de plumes, de paillettes et de dorures s'identifient à ces princes et ces princesses qui toute leur vie se vêtirent avec une sobriété quasi protestante. Comme il convient à un empereur philosophe, la révolution qui le chassait du trône n'avait pas coûté une seule vie humaine. Dans ses bagages il ramenait sa fille et son gendre, le comte et la comtesse d'Eu. Gaston d'Orléans, qui avait cru fonder une nouvelle dynastie sous les tropiques, revenait donc dans le pays de ses ancêtres. Il racheta le château d'Eu, dont il portait le nom, à son cousin le comte de Paris qui, pour cause d'exil, ne pouvait plus en jouir, et il s'y installa avec sa femme et ses enfants. De nos jours, sa petite-fille, Isabelle d'Orléans Bragance, comtesse de Paris, habite toujours un pavillon au fond du parc.

Pendant ce temps, dans le trop grand château de Stowe, le comte de Paris se morfondait. Les années passaient et, à coups d'entreprises malheureuses, il voyait fondre ses chances. Cet homme timide et réservé se rongeait littéralement. Autour de lui le vide s'élargissait et, dans la vaste demeure, l'atmosphère se chargeait de mélancolie, ce que supportait de moins en moins son fils aîné, Philippe, duc d'Orléans. Ce gros garçon, qui allait devenir un homme magnifique, était le contraire de son père. Extroverti, rieur plein d'énergie, coureur invétéré, il explosait de vie. Pour le calmer, son père l'avait fait engager dans un régiment anglais posté en Inde. Philippe en avait profité pour explorer jusqu'aux régions les plus reculées du Raj et y avait gagné la fièvre des voyages, fort répandue dans sa famille.

Il voulut marquer sa majorité par un coup d'éclat. Bien qu'exilé, il se considérait toujours soumis aux lois françaises. Il ferait donc son service militaire comme tout citoyen français. Grimé avec une fausse barbe, il passa la frontière, arriva à Paris et se présenta aux bureaux de recrutement. « Vous n'êtes pas sur nos listes » ou « Les listes sont closes »,

1886 - 1896 • La diversité des destins

LA FAMILLE IMPÉRIALE DU BRÉSIL. Gaston d'Orléans, comte d'Eu, était devenu brésilien par son mariage avec la princesse héritière de cet empire. À eux deux, ils fondèrent une dynastie, les Orléans-Bragance, aujourd'hui encore Maison impériale du Brésil. Sur cette photo, de gauche à droite : le comte d'Eu tenant ses fils, les princes Louis et Antoine, la comtesse d'Eu debout devant son fils aîné le prince Pierre d'Orléans-Bragance, l'empereur Pedro II du Brésil, le barbu, père de la comtesse d'Eu à côté de sa femme l'impératrice Thérèse Christine, et au bout du rang, le prince Auguste de Saxe-Cobourg-Gotha, veuf de la sœur de la comtesse d'Eu, la princesse Léopoldine.

se fit-il répondre. Dépité, il arriva en l'hôtel du duc de Luynes où il fut reçu à bras ouverts. Pendant le dîner, la police fit irruption. Non pas quelques argousins, mais des centaines d'agents qui bloquèrent toute la rue de Varenne. Leur chef enfonça la porte et dans l'escalier rencontra le maître de maison, auquel il lança : « Qui êtes-vous ? — Qui êtes-vous vous-même, répliqua le duc, et de quel droit pénétrez-vous ainsi chez moi ? — Vous cachez quelqu'un ici, et je suis chargé par le gouvernement de l'arrêter. — Je ne cache personne, et votre police est singulièrement mal faite si elle apprend seulement maintenant que Monseigneur le duc d'Orléans m'a fait le très grand honneur de descendre chez moi. Est-ce une audience que vous sollicitez de Monseigneur ? » L'argousin, médusé, ne sut que bredouiller : « En effet, j'ai une mission à remplir auprès de Monseigneur le duc d'Orléans. Je suis le commissaire Clément. »

Et le soir même, l'héritier des rois de France couchait dans un cachot de la Conciergerie.

Les jours suivants, le duc de Luynes lui fit porter des repas du meilleur traiteur. L'illustre prisonnier les refusa. Il tenait à consommer le même menu que les autres détenus : « Je ne demande que la gamelle. » Ce qui lui valut instantanément et universellement d'être connu sous le surnom de « prince gamelle ». Le tribunal le condamna à deux ans de prison et l'envoya à Clairvaux. Il n'y fut pas si mal traité, puisqu'il pouvait recevoir qui il voulait, en particulier de nombreuses dames, des courtisanes aussi célèbres qu'Emilienne d'Alençon, mais aussi celle qui allait rester sa maîtresse la plus tenace, la soprano australienne Nelly Melba. Au bout de quatre mois, il fut libéré et n'eut plus qu'à retrouver ses pénates anglaises où l'attendait son père, furieux de son escapade.

1886 - 1896 • La diversité des destins

FERDINAND
DE SAXE-COBOURG-GOTHA,
PRINCE PUIS ROI DE BULGARIE
(1861-1948).

C'était l'enfant préféré de Clémentine d'Orléans. Il était délicat, presque souffreteux, et cachait soigneusement une redoutable intelligence et une grandiose ambition. Sa mère, utilisant son admirable sens de l'intrigue, réussit à le faire élire souverain de Bulgarie. Ainsi propulsé sur la scène internationale, Ferdinand devait y occuper une place éminente et y créer énormément de remous.

Page de droite :
LA DUCHESSE DE CHARTRES
AVEC SES DEUX FILLES.
À gauche la princesse Marie, à droite la princesse Marguerite photographiées par le duc de Chartres.

Il faut savoir que ce bel éclat publicitaire était en fait dû à l'imagination romanesque d'un royaliste invétéré, Arthur Meyer, directeur du *Figaro*, qui avait négocié les moindres détails de l'arrestation et de la détention du prince avec son ami, le ministre de l'Intérieur.

Peu après, le comte de Paris eut à s'occuper de sa seconde fille, Hélène, une jeune fille grande, belle, sportive, originale, dotée d'une personnalité bouillonnante et d'énormément de panache. Depuis avant même la Révolution, les Orléans étaient intimes de la famille royale anglaise, et comme à chaque exil l'Angleterre les accueillait, cette amitié n'avait fait que se renforcer. Victoria et sa descendance fréquentaient beaucoup le comte de Paris et les siens.

Or voilà que l'héritier présomptif du trône, le petit-fils de Victoria, duc de Clarence, s'éprit d'Hélène d'Orléans. Ce grand garçon, plutôt beau mais mollasson d'aspect, n'était très bien ni dans son corps ni dans sa tête. Une série d'ouvrages récents devaient l'associer à Jack l'Eventreur. Qu'il ait fait partie des connaissances du meurtrier, c'est possible, mais que lui-même et l'illustre assassin n'aient été qu'une seule et même personne, ainsi qu'on l'a soutenu, c'est là une monumentale absurdité historique. En tout cas, il était amoureux d'Hélène et voulait l'épouser. La famille royale anglaise inclinait à y consentir, mais exigeait que la princesse se convertît à l'Eglise anglicane. Le comte de Paris dut intervenir pour interdire formellement à sa fille de devenir une renégate. Clarence en fut beaucoup plus désespéré qu'Hélène. Sa grand-mère Victoria lui trouva vite une fiancée bien sous tous rapports, sa cousine la princesse Mary de Cambridge. Mais bientôt une simple grippe l'emporta. Il mourut dans les bras de Mary en prononçant le nom d'Hélène. Que faire de la fiancée laissée pour compte ? « Qu'elle épouse Georgy », c'est-à-dire le cadet du duc de Clarence, intima Victoria. Ainsi l'ancienne fiancée de l'amoureux d'Hélène d'Orléans devînt-elle beaucoup plus tard l'imposante reine Mary, mastodonte de la monarchie britannique.

MARGUERITE D'ORLÉANS, DUCHESSE DE MAGENTA (1869-1940) AVEC SON MARI ET SA FILLE AÎNÉE MARIE.
Cette princesse de la Maison de France, cousine germaine du prétendant, causa quelque émoi en se fiançant... au fils du premier président de la Troisième République. Bien que les Mac-Mahon ducs de Magenta fussent royalistes, l'association de ces deux traditions parut quelque peu inattendue. Le bébé sur les genoux de sa mère, Marie de Mac-Mahon, devait épouser le comte du Plan de Sieyès, arrière-petit-neveu de l'abbé Sieyès, vedette de la Révolution et du Directoire.

Hélène d'Orléans, de son côté, ne tarda pas à épouser le duc d'Aoste, cousin du roi d'Italie.

Depuis des années, le comte de Paris cachait le cancer qui le minait. Il endurait les plus pénibles souffrances sans une plainte, avec un beau courage. Au début de septembre 1894, il s'alita pour ne plus se relever. Le duc d'Aumale accourut avec les autres membres de la famille, et ses difficiles relations avec le Prétendant ne l'empêchèrent pas de se montrer impressionné par la simplicité et la dignité de sa mort : « Mon neveu a encore sa présence d'esprit, la même aménité, sa fin est grande, stoïque et chrétienne. C'est une belle âme, un homme de bien, de grand mérite et de grand courage qui va disparaître. On ne l'a pas connu. » Ce « on », c'était peut-être le duc d'Aumale lui-même, qui griffonnait ce joli éloge dans son journal.

Philippe duc d'Orléans succéda à son père le comte de Paris à la tête de la Maison de France et du parti royaliste. Son père avait péché par excès de sérieux ; lui aurait plutôt péché par excès du contraire. Très beau, très riche, portant un nom magnifique, cet homme à femmes cueillait les plaisirs qui s'offraient à lui. Mais derrière cette recherche de jouissance, se dissimulait un profond désenchantement. Son père s'était éreinté sans succès à travailler au retour de la monarchie, lui-même y croyait encore moins. De plus, l'exil le faisait cruellement souffrir. Le seul pays au monde, le sien, qu'il aurait voulu connaître lui étant fermé à tout jamais, il visita sans relâche les autres, comme pour essayer d'oublier ne fût-ce qu'un instant cette France qui l'obsédait et qui se refusait à lui.

Il avait déjà parcouru l'Afrique et pénétré dans certaines régions d'Ethiopie jamais auparavant explorées. Il y avait même découvert une variété d'éléphants jusqu'alors inconnue, qui reçut son nom : « Elephas Orleansi ». Entre deux expéditions, le duc d'Orléans fit relâche pour épouser l'archiduchesse Marie-Dorothée d'Autriche à l'impeccable pedigree mais au physique, hélas, moins prestigieux, ce qui était peu encourageant pour cet amateur de jolies femmes. Le duc d'Aumale, qui, du

1886 - 1896 • La diversité des destins

LA COMTESSE BERTHE CLINCHAMP. Elle avait commencé par être la dame d'honneur de la duchesse d'Aumale, puis, après la mort de cette dernière, elle devint la dame de cœur du duc d'Aumale. Pleine de tact, de finesse, de discrétion, elle se fit apprécier de tous. Maîtresse virtuelle du château de Chantilly, elle ne s'imposait jamais. Épousa-t-elle secrètement le duc d'Aumale ? Beaucoup le pensent mais il n'en existe aucune preuve.

1886 - 1896 • La diversité des destins

LA COMTESSE DE PARIS EN VEUVE.
A la mort du comte de Paris, sa veuve abandonna tout rôle officiel. Bien qu'ayant toujours suivi et soutenu son mari, elle s'était peu ou prou mêlée de politique, et désormais elle préféra vivre dans son Andalousie bien-aimée où elle avait hérité de ses parents la magnifique propriété de Villamanrique.

haut de ses millions, faisait la loi dans la famille, avait voulu cette union, concoctée avec sa sœur Clémentine, grand-mère maternelle de la mariée. Les noces eurent lieu à la Hofburg de Vienne, dans toute la pompe de la cour d'Autriche. Ce fut la présentation dans le monde de la toute jeune princesse Isabelle, sœur cadette du marié. Elle regarda avec curiosité le troupeau des archiduchesses, toutes plus laides l'une que l'autre, qu'elle compara aux « poupées du diable ». Le vieil empereur François-Joseph devait penser la même chose, lui qui lorgna sans retenue la jeune Isabelle. Il ne l'oublia pas et, devenu veuf de « Sissi », faisant fi de la différence d'âge, il fit sonder la comtesse de Paris pour une union éventuelle avec la ravissante princesse française. Entre-temps, le duc d'Orléans s'était aperçu que sa femme, atteinte d'une malformation, ne pouvait concevoir. A peine mariés, ils se séparèrent à l'amiable. Elle se retira dans une de ses propriétés en Hongrie, et le Prétendant, condamné à rester sans descendance, de plus en plus désabusé, reprit ses voyages lointains.

Il s'embarqua sur son yacht le *Maroussia*, visita divers ports de la Méditerranée, séjourna à Constantinople, s'arrêta au Portugal pour voir sa sœur, la reine Amélie, et chasser avec son beau-frère, le roi Carlos.

Page de droite :
LA FAMILLE DU DUC DE CHARTRES.
Robert d'Orléans était un éminent photographe amateur, comme en témoigne cette photographie pour laquelle il fit soigneusement poser les siens. En bas, tenant un seau, la princesse Marguerite ; au début de l'échelle, le prince Jean avec, derrière lui, le prince Waldemar de Danemark ; en haut de l'échelle, le prince Henri ; derrière la balustrade, la duchesse de Chartres et la princesse Marie.

1886 - 1896 • La diversité des destins

LE PRINCE JEAN D'ORLÉANS
TENANT UN FILET À PAPILLONS
OU À CREVETTES.
Dès l'adolescence, le futur duc de Guise était long et mince. Plus tard, avec son 1,93 mètre, sa silhouette le fera comparer à un bec de gaz par le poète Jacques Prévert.

Page de droite :
JEAN, MARIE
ET MARGUERITE D'ORLÉANS.
Trois des enfants du duc de Chartres, photographiés par ce dernier. Au centre le futur duc de Guise, à droite la princesse Marie, future princesse Waldemar de Danemark, et à gauche la princesse Marguerite, future duchesse de Magenta.

LA DUCHESSE DE CHARTRES
ET LE PRINCE JEAN.
Cette photo a été prise en Ecosse où les Chartres allaient chasser avec leurs cousins Paris. La duchesse de Chartres pose avec son fils cadet et l'inévitable canin.

1886 - 1896 • **La diversité des destins**

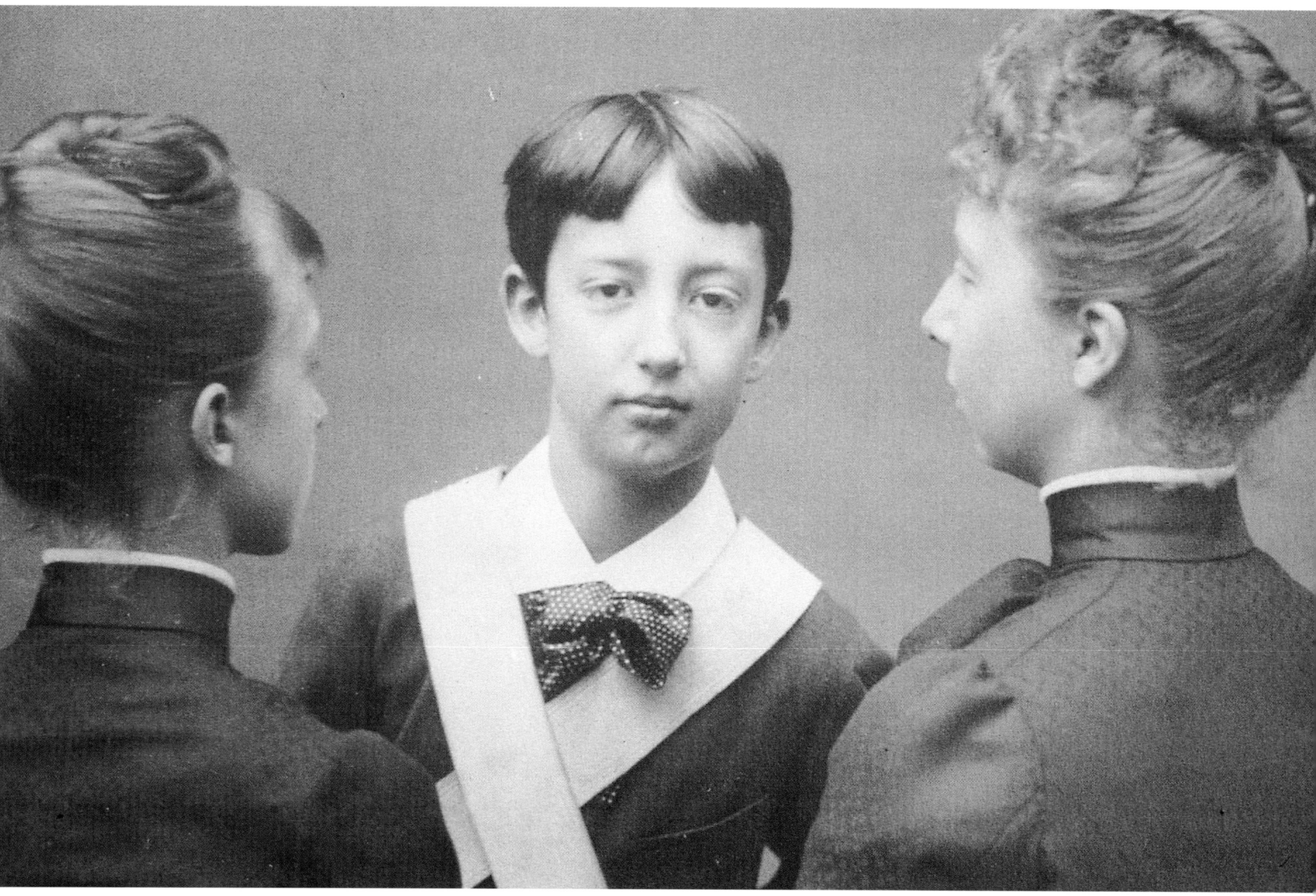

1886 - 1896 • La diversité des destins

Page de droite :
LE DUC D'ORLÉANS ET LA REINE AMÉLIE DE PORTUGAL EN VOITURE.
La voiture, une somptueuse machine qui ferait aujourd'hui l'orgueil des collectionneurs, vient de s'arrêter. Le chauffeur, le duc d'Orléans en personne, cigarette aux lèvres, s'est levé et s'apprête à descendre. Derrière, empaquetée dans ses voiles, sa sœur la reine Amélie attend qu'on l'assiste.

LE DUC D'ORLÉANS DEVANT SON ATELIER D'EMPAILLEUR.
Chasseur impénitent, Philippe d'Orléans aimait à conserver les plus belles pièces de ses tableaux de chasse. Il avait même appris le métier d'empailleur. Naturalisés par ses soins ou par des artisans à peine plus habiles, ses résultats cygénétiques lui permirent de créer un musée de la chasse *(ci-dessus)* à Woodnorton, sa résidence anglaise. A gauche de la photo, le tigre bondissant sur le dos d'un éléphant rappelle une aventure authentique qui lui arriva en Inde. Il offrit ses collections à la Ville de Paris qui les installa au Jardin des Plantes.

1886 - 1896 • La diversité des destins

WOODNORTON, LA FAMILLE ROYALE FRANÇAISE AVANT LA PHOTO. Les chaises ont été rangées devant le château pour les princes et les princesses, mais auparavant l'aînée, la reine Amélie de Portugal, photographe amateur, prend quelques instantanés des siens. Derrière elle, sur le pas de la porte, le maître de maison, Philippe, duc d'Orléans.

Puis, avant de poser *(ci-dessous)*, on salue les familiers, on échange quelques plaisanteries. *A gauche*, en tenue de veuve, la comtesse de Paris ; *au centre*, un gentilhomme baise la main de la reine Amélie ; de profil, à la droite de cette dernière, la duchesse d'Orléans Marie Dorothée d'Autriche : puis de face, rieuse, Isabelle, duchesse de Guise.

1886 - 1896 • La diversité des destins

FERDINAND D'ORLÉANS,
DUC DE MONTPENSIER,
DEVANT LE CHÂTEAU DE RANDAN
(1884-1924).

Dernier enfant du comte et de la comtesse de Paris, il porte ici l'uniforme de la Marine espagnole. Il avait hérité du château de Randan en Auvergne, qui avait été acheté par Louis-Philippe pour sa sœur, Madame Adélaïde.

LES CUISINES DU CHÂTEAU DE WOODNORTON.
Impressionnant déploiement de casseroles. Ces cuisines, installées sur les instructions du duc d'Orléans, passaient pour le comble du modernisme.

1886 - 1896 • La diversité des destins

LE DUC D'ORLÉANS ESCRIMEUR.
Pratiquant avec maestria plusieurs
sports, le duc d'Orléans avait fait
aménager une salle d'exercice dans
son château de Woodnorton.

Page de droite :
HÉLÈNE DE FRANCE,
DUCHESSE D'AOSTE.
Ses prouesses à cheval sont presque
dignes d'une écuyère de cirque.

1886 - 1896 • La diversité des destins

JEAN D'ORLÉANS
FAISANT SON SERVICE MILITAIRE
DANS L'ARMÉE DANOISE.

Les princes d'Orléans ayant été chassés de l'armée française grâce aux bons offices du général Boulanger, ils cherchèrent à servir à l'étranger. Marie d'Orléans ayant épousé le fils du roi de Danemark, son frère Jean put s'engager dans l'armée danoise. Il pose ici avec son régiment (c'est le neuvième à partir de la droite au second rang) devant le château historique de Rosenborg.

FRANÇOISE D'ORLÉANS,
DUCHESSE DE CHARTRES
(1844-1925).

En dépit des ans, la duchesse de Chartres gardait une allure imposante, rehaussée les grands soirs par ce diadème en forme de couronne fleur-de-lysée.
Elle porte sur l'épaule une broche en diamants nommée la « croix du Sud », qui lui venait de sa mère la princesse de Joinville et que porte de nos jours l'actuelle comtesse de Paris.

Page de droite :
LA DUCHESSE DE GUISE
ET MARIE D'ORLÉANS,
PRINCESSE VALDEMAR DE DANEMARK.
Une profonde amitié lia les deux cousines germaines lorsqu'elles devinrent belles-sœurs. La duchesse de Guise fit plusieurs séjours au Danemark chez la princesse Marie, et, lorsqu'elle fut présentée à la Cour, charma instantanément le vieux roi Christian IX.

78

1886 - 1896 • La diversité des destins

1886 - 1896 • La diversité des destins

Page de gauche :
LA PRINCESSE HÉLÈNE DE FRANCE, LA PRINCESSE DE GALLES ET LA PRINCESSE VICTORIA DE GRANDE-BRETAGNE AU MARIAGE DU DUC ET DE LA DUCHESSE DE GUISE. La princesse Hélène, duchesse d'Aoste, accompagne les invités de marque. Alexandra de Danemark, princesse de Galles et femme du futur Edouard VII, demeure éternellement belle (elle a cinquante-cinq ans sur la photo). Sa fille la princesse Victoria, qui lui sert un peu de dame d'honneur, ne se mariera jamais.

LA DUCHESSE DE CHARTRES À LA CHASSE À COURRE À CHANTILLY. Tantôt elle suivait en amazone, tantôt elle empruntait une petite voiture *(ci-dessous)* qui la menait à fond de train à travers la vaste forêt jusqu'à l'hallali. Il arrivait aussi que toute la famille participe à ces grands spectacles de l'équipage Orléans : *ci-contre, à droite*, la duchesse de Chartres, la duchesse de Guise, les princesses Isabelle et Françoise, au rendez-vous de chasse.

1886 - 1896 • La diversité des destins

Double page précédente :
LE DUC DE CHARTRES À LA CHASSE
DEVANT LE CHÂTEAU DE CHANTILLY.
Lui-même n'habitait pas le château,
demeure de son oncle le duc Aumale,
mais il disposait de la vaste forêt
entourant le château pour s'y livrer
à sa passion atavique de la chasse.

LE DUC DE CHARTRES AVEC
SA PETITE-FILLE, LA PRINCESSE DE
DANEMARK.
Vêtu de sa vieille moumoute, Robert
d'Orléans s'est arrêté un instant pour
saluer la jeune princesse du
Danemark, sa petite-fille, que l'on
retrouve posant *(à droite)* parmi ses
frères dans le palais de leurs parents
à Copenhague, Aage, Axel, Eric, Vigo
et Marguerite, future princesse René
de Bourbon-Parme.

1886 - 1896 • La diversité des destins

MARIE D'ORLÉANS, PRINCESSE
VALDEMAR DE DANEMARK
(1865-1909) AU TÉLÉPHONE.
Résolument moderne, dotée d'une profonde originalité, peintre de talent, elle dessina de nombreux animaux pour la célèbre manufacture de porcelaine de Copenhague. Chef honoraire des pompiers de la capitale, elle n'hésitait pas, dès qu'elle entendait la cloche de l'incendie, à abandonner un dîner officiel et à troquer son diadème pour le casque de pompier afin de courir sur les lieux du sinistre.

CHAPITRE 6

1898 - 1914

Des voyages, des alliances, des drames

Pendant que le duc d'Orléans occupe le temps comme il peut, d'autres membres de la famille donnent l'exemple, en particulier, la duchesse d'Alençon, cette Sophie de Bavière, naguère fiancée au roi Louis II. Sa beauté, sa douceur, son rayonnement la rendent populaire partout où elle passe. Les pauvres ont toujours accès à son escarcelle, et elle tend toujours l'oreille à ceux qui ont besoin d'elle. C'est ainsi que, sans hésiter, elle accepte de prêter son concours à une vente de charité organisée par des dames de l'aristocratie. La fête aura lieu dans un local provisoire, une salle de toile et de bois édifiée pour la circonstance rue Jean-Goujon. Le nom de la duchesse attire un concours extraordinaire de beau monde. Il y a aussi des attractions, et parmi elles, celle toute nouvelle du cinématographe. Soudain, une flamme part de la cabine des opérateurs, s'étend aussitôt à tout l'édifice construit en matériaux légers. Dans la seconde, il n'y a plus de rang, il n'y a plus de titres, il n'y a même plus d'humanité. Les hommes piétinent les femmes pour fuir les premiers. Le duc d'Alençon, resté dehors, tente désespérément de pénétrer dans la salle pour sauver sa femme, mais la foule dense et hagarde qui s'en échappe l'en repousse. D'après les témoignages, la duchesse d'Alençon ne perd pas un instant son sang-froid et aide les plus faibles à se diriger vers les rares issues. Elle se sait perdue. De loin, certains la voient prier, puis un rideau de feu tombe sur elle. De cette femme si belle, il ne reste plus qu'un corps carbonisé que son mari doit tâcher d'identifier. Sophie de Bavière n'a pas échappé au sort tragique qui fut celui de ses sœurs.

Ce même jour de printemps 1897, le vieux duc d'Aumale profite du soleil sur la terrasse de Zucco. Il a hérité de sa mère Marie-Amélie, et avant elle de la reine Marie-Caroline, cette vaste propriété agricole située à l'ouest de Palerme. Elle est surtout célèbre pour un vin doux, un des meilleurs d'Europe. Adossée à la colline rocheuse, la grande villa s'entoure d'un parc poétique semé de fontaines et de bassins qui rafraîchissent ses allées. Aujourd'hui, la maison et les jardins, malgré leur triste état de détérioration, gardent leur charme extraordinaire. La propriété appartient désormais... au chapelain de la mafia, actuellement en prison pour mieux assister ses pénitents.

LE PRINCE HENRI D'ORLÉANS À LA CHASSE QUELQUE PART EN ASIE. **Voyageant sans cesse de par le monde, le prince Henri se révéla un explorateur de talent. Il pose à droite de l'hécatombe qu'il vient de provoquer.**

1898 - 1914 • Des voyages, des alliances, des drames

UN BARBU SE PRENANT POUR UNE MOMIE. Qui est ce personnage qui s'est fait tirer le portrait dans un sarcophage de carton-pâte et un décor égyptien d'invention ? Cette photographie faite au Caire provient des albums des Orléans-Bragance. Etait-ce un membre de la suite du comte d'Eu ou du prince Pierre d'Orléans-Bragance qui aurait accompagné l'un d'entre eux dans un voyage au Moyen-Orient ?

Au fil des ans, le duc d'Aumale a vu la mort éclaircir les rangs autour de lui. Ce fut d'abord Léonide Leblanc, à laquelle il avait gardé une profonde affection après la fin de leur liaison, puis ses frères, Montpensier, Nemours, se sont éteints. Heureusement, la famille reste nombreuse. Au moment où bon nombre de parents résident à Zucco, Aumale reçoit la nouvelle de la mort tragique de la duchesse d'Alençon. Le comte d'Eu et le duc de Chartres partent immédiatement pour Paris. Aumale et sa sœur Clémentine s'asseyent sur la terrasse et contemplent tristement la vue somptueuse sur la campagne sicilienne et sur la mer lointaine. Le facteur arrive, apportant une lettre justement de la duchesse d'Alençon pour la comtesse de Clinchamp, la compagne du duc d'Aumale. Celui-ci la lui remet sans un mot, le chagrin défigurant ses nobles traits. Après le dîner en famille, il se couche tôt. A deux heures du matin, son valet de chambre, Cyril, vient voir si tout va bien. Aumale est mort. Le cœur n'a pas résisté au coup porté par l'accident du Bazar de la Charité.

Il léguait le château de Chantilly et ses prodigieuses collections à l'Institut. Il voulait, disait-on, remercier l'Académie de l'avoir élu parmi ses membres. En vérité, il avait plusieurs fois déclaré à ses nièces qu'étant entré en possession de Chantilly grâce à la mort atroce du vieux Condé, cet héritage entaché lui avait porté malheur puisque tous ses enfants étaient morts jeunes. Comme il voulait éviter de transmettre la malédiction à sa parenté, Chantilly devait donc sortir de la famille. Le duc de Chartres continua cependant à habiter dans le parc la grande villa surnommée « le château de Saint-Firmin » que l'Institut lui prêta.

On se rappelle que ce dernier avait épousé sa cousine germaine Françoise, dont il avait eu quatre enfants. Contrairement aux autres Orléans que les exils ou les mariages liaient à l'étranger, les Chartres constituaient une famille bien française, implantée en France, frayant avec les autorités de la République. Plusieurs fois par semaine, le duc et la duchesse chassaient à courre dans la vaste forêt voisine. Le duc se livrait

1898 - 1914 • Des voyages, des alliances, des drames

à son violon d'Ingres, la photographie, et la duchesse à l'aquarelle, pour laquelle elle avait, comme son père le prince de Joinville, un réel talent. Plutôt que les scènes vécues de son père, elle préférait le règne végétal, et devait laisser trois cents peintures représentant toutes les variétés de champignons. Son talent se retrouva chez sa fille aînée Marie, la plus brillante, qui avait épousé le prince Valdemar de Danemark, cadet du roi Christian IX. La princesse Marie dessina d'innombrables animaux reproduits en porcelaine par la célèbre manufacture de Copenhague. Comme elle s'ennuyait quelque peu à la cour de son beau-père, elle se distrayait en exerçant sa fonction de chef honoraire des pompiers de la capitale. Se trouvait-elle dans un banquet officiel et entendait-elle la cloche annonçant un incendie qu'elle troquait son diadème pour un casque de pompier et courait sur les lieux du sinistre. Devenue par mariage la belle-sœur de l'empereur de Russie et du roi d'Angleterre, elle ne manqua pas une occasion de pousser la cause de son pays d'origine auprès de ces potentats. Le gouvernement français n'hésita pas à utiliser ses discrets services, qui plus d'une fois portèrent leurs fruits. Son fils aîné, Aage, hérita de cet attachement à la France. Engagé dans la Légion étrangère, il défendit sur de nombreux fronts le drapeau tricolore.

L'autre fille des Chartres, Marguerite, épousa le duc de Magenta, fils du maréchal de Mac-Mahon. Bien que ce dernier ait été un royaliste à tout crin, l'étonnement fut grand de voir une princesse de la Maison de France devenir belle-fille du premier président de la Troisième République. On s'étonnera cependant moins si l'on sait que les Chartres étaient soupçonnés par leurs cousins d'être quelque peu républicains.

Leur fils aîné, le prince Henri, était le plus séduisant des Orléans. Grand, blond, avec des yeux bleus au regard rêveur, aucune femme ne lui résistait et il n'avait qu'à les cueillir comme les fleurs des champs. Lui aussi atteint du démon familial, il se mit à voyager tous azimuts, cependant d'une façon beaucoup plus méthodique que ses cousins. Il recueillit des

M. Dupuy,
secrétaire de Philippe duc d'Orléans, près des Pyramides
Si les princes d'Orléans se montraient des voyageurs enthousiastes, on peut se demander ce qu'en pensaient leurs collaborateurs chargés de les suivre. Installé en équilibre sur un bourricot égyptien, le secrétaire n'a pas du tout l'air enchanté de cette promenade dans le désert.

informations sur la faune, sur la flore, sur les possibilités économiques de contrées encore reculées. Il publia sur ses voyages des récits, loués par les hommes de science et primés par les sociétés spécialisées. Il se fit explorateur au Tibet, il pénétra en Ethiopie où il affirma la présence française en devenant l'ami du négus Menelik. Il était reparti pour l'Indochine, lorsque à Saigon une attaque de paludisme emporta à trente-quatre ans ans cet homme chargé de dons et de promesses.

Cependant, le duc d'Orléans Philippe poursuivait ses expéditions. Il avait acquis un nouveau yacht, le *Belgica*.

1898 - 1914 • Des voyages, des alliances, des drames

Emmenant le docteur Récamier, son médecin personnel, et son fidèle chroniqueur, il partit pour le Grand Nord, vers ce Spitzberg encore quasi inexploré. Il y eut la profonde satisfaction de découvrir et de baptiser une « île de France » et « une terre du duc d'Orléans ». Les nombreuses dépouilles d'espèces rares d'animaux qu'il rapporta se joignirent à ses importantes collections de faune empaillée dont il fit un musée qu'il légua à la Ville de Paris. Ses ouvrages sur ses récentes découvertes lui valurent enfin la reconnaissance de la Société géographique qui lui décerna sa médaille d'or. Son président n'étant autre que le prince Roland Bonaparte, c'était là un beau geste de la part de la « concurrence ».

De temps en temps, le duc d'Orléans s'arrêtait à Villamanrique. Sa mère, la comtesse de Paris, s'était installée depuis son veuvage dans cette riche propriété sise aux environs de Séville, qu'elle avait héritée de ses parents les Montpensier. Elle s'était toujours montrée une épouse exemplaire tant sur le plan familial que politique, suivant et soutenant son mari sans relâche. A la mort du comte de Paris, elle s'était volontairement éclipsée de la scène, ce qui lui permettait de donner libre cours à son originalité et à sa passion pour son Espagne natale. Elle fumait de longs et fins cigares, buvait de l'*aguardiente*, l'eau-de-vie la plus forte du monde. Elle avait toujours aimé chasser, au point que bien des années plus tôt, elle était sortie un matin armée de son fusil, elle avait descendu six ortolans, était rentrée à la maison pour accoucher de son dernier enfant, Ferdinand, puis s'était fait servir les ortolans. Jusqu'à la vieillesse, elle se livra au sport bien plus dangereux de la taureaumachie. Montée en amazone sur son cheval et munie d'une longue pique pointue, elle « rejoneait », une façon de toréer réservée aux professionnels les plus endurcis. Ses petits enfants l'idolâtraient et attendaient impatiemment les vacances à Villamanrique.

Ses enfants aussi raffolaient de la grande maison andalouse. Elle était peinte à la chaux, mais sur ses murs s'alignaient les plus beaux portraits de famille peints par Winterhalter. Un gigantesque palmier s'élevait au milieu de la cour, sur laquelle, lors des grandes chaleurs, on tendait un *toldo*, une toile blanche. Autour du village s'étendaient des milliers d'hectares de forêts de chênes-lièges où princes et princesses de France montaient à cheval, chassaient, pique-niquaient. Amélie, Philippe, Hélène, Isabelle, Louise, Ferdinand entouraient leur mère pour laquelle ils n'éprouvaient que tendresse et respect. Tous et toutes, beaux, superbes, pleins de personnalité, souvent d'originalité, se montraient parfois difficiles ou fantasques. Par leur allure, par leur panache, ils en imposaient naturellement, tout en se montrant, avec le plus noble comme avec le plus humble, pleins de considération et de simplicité. Ils ne quittaient jamais la courtoisie la plus exquise. Entre eux ils aimaient rire. Les plaisanteries les plus salées, le langage le plus vert ne leur faisaient pas peur, bien au contraire. Sautant par-dessus le XIXe siècle prude et bourgeois, ils renouaient avec la grande tradition aristrocratique du XVIIIe siècle. Ils pouvaient se permettre beaucoup puisque leur atavisme et leur formation les mettaient à l'abri de la vulgarité. En particulier, ils riaient aux éclats des mésaventures de leur frère le duc d'Orléans. Celui-ci passait son temps à faire des enfants aux villageoises, si bien que, lorsque le grand portail de la demeure s'ouvrait et qu'il sortait dans sa calèche, les paysans se pressant sur le pas de leur porte criaient sur son passage : « *Vivan tus...!* »

En novembre 1907, toute la famille se retrouva près de Londres, à Woodnorton, dans la grande villa Tudor du duc d'Orléans pour assister au mariage de sa sœur cadette Louise. Le roi d'Espagne Alphonse XIII, fort amoureux de cette grande fille belle et élancée, avait voulu l'épouser, mais sa mère, la reine

Page de droite :
HÉLÈNE DE FRANCE, DUCHESSE D'AOSTE, PENDANT UNE EXPÉDITION AFRICAINE. Comme son frère le duc d'Orléans, la duchesse d'Aoste parcourait les régions les plus sauvages de la planète. Si les Africains ont revêtu pour elle des tenues de cérémonie particulièrement emplumées, elle n'a pas pour autant abandonné les diktats de la mode des élégantes de l'époque. Afrique ou pas Afrique, jupe longue et canotier restent de rigueur.

1898 - 1914 • Des voyages, des alliances, des drames

1898 - 1914 • Des voyages, des alliances, des drames

régente Marie-Christine, avait sonné le glas des espérances : « Une Orléans, jamais! » Peut-être restait-elle jalouse de la fidélité que son défunt mari avait portée au souvenir de sa première femme, une Orléans. Du coup, Louise fit un mariage bien plus heureux en convolant avec le prince Charles de Bourbon-Sicile, infant d'Espagne.

Les cérémonies à peine terminées, le duc d'Orléans Philippe repartit vers le Grand Nord, cette fois-ci vers le détroit de Bering – voyage terrible, hérissé de difficultés imprévues, d'accidents, de catastrophes naturelles que l'illustre explorateur évoqua dans sa *Revanche de la banquise*.

En février 1908, le drame éclata au Portugal. Le roi Carlos Ier n'avait jamais réussi à devenir populaire. On lui reprochait l'autoritarisme de sa politique, on critiquait aussi ses mœurs qui rappelaient les dérèglements des monarques d'autrefois. Cet homme généreux, très apprécié de ses beaux-frères et belles-sœurs Orléans, ce peintre amateur de grand talent, était un passionné de chasse et de femmes. Son épouse, la reine Amélie, l'ennuyait prodigieusement, et il était à craindre qu'elle n'ennuyât tout autant ses peuples. Cette femme charitable et dévouée, modèle de devoir et de vertu, avait beau multiplier ses activités caritatives, le courant ne passait pas entre elle et les Portugais. Ceux-ci lui préféraient sa belle-mère, la reine douairière Maria Pia, une rousse fantasque et coquette, qui ne songeait qu'à dépenser pour sa toilette et à donner libre cours à ses caprices, preuve que charité et bonté ne suffisent pas pour acquérir la popularité.

Donc, Carlos Ier et Amélie s'en revenaient d'une tournée dans le sud du pays. Ils avaient pris place au fond de la voiture découverte et placé leurs deux fils, le prince héritier Louis-Philippe et son cadet Manuel, sur le devant de la Daumont. Le cortège royal défilant entre deux haies de badauds, mal contenus par un service d'ordre insuffisant, traversait la si belle place du Commerce à Lisbonne lorsque trois hommes s'élancèrent ; l'un d'eux monta sur le marchepied de la voiture royale et d'un coup de revolver abattit le roi, le second tua le prince héritier. Le troisième visait le cadet

LE DUC DE NEMOURS ET SA FILLE LA PRINCESSE BLANCHE (1887-1932) À L'INAUGURATION D'UNE FÊTE DE CHARITÉ.
Le second fils de Louis-Philippe, devenu octogénaire, a dû s'asseoir pour se reposer. A côté de lui se tient sa fille cadette, Blanche d'Orléans, qui ne se mariera jamais. Ils inaugurent ici quelque bazar de la charité, comme celui où dans quelques années périra tragiquement leur belle-fille et belle-sœur, la duchesse d'Alençon.

1898 - 1914 • Des voyages, des alliances, des drames

Manuel lorsque la reine lui jetant son bouquet à la figure fit dévier le coup qui ne fit que traverser le bras du prince.

Manuel II, ainsi épargné, monta sur le trône dans le sang et l'horreur. Sa jeunesse n'attendrit pas les républicains qui se multiplièrent, ne lui laissant aucune chance. La tension ne se relâcha pas, si bien que deux ans plus tard une révolution renversa la monarchie et chassa le roi Manuel et sa famille. La reine Amélie se retira à Versailles où elle vécut jusqu'en 1951. Jusqu'à sa fin, elle resta obsédée par ce jour terrible où son mari et son fils aîné lui avaient été enlevés. Aux approches de la mort, elle ne cessait dans son délire de répéter : « Que de sang, que de sang », et demanda à être enterrée dans l'étole maculée qu'elle portait ce jour-là.

L'année 1910 connut aussi des événements cocasses. Le roi Leopold II des Belges, tellement Orléans par bien des côtés et unanimement considéré comme un remarquable souverain, était néanmoins accusé de maltraiter ses filles. Son fils unique, le comte de Hainaut, héritier du trône, était mort à dix-huit ans, emportant tous ses espoirs. Sa tendresse tarie, peut-être reprochait-il aux sœurs du défunt de ne point être des garçons. Il n'avait manifesté aucune sympathie envers Stéphanie lorsque le mari de celle-ci, l'archiduc héritier Rodolphe, était mort de la façon la plus mystérieuse dans les bras de sa maîtresse à Mayerling. Il avait refusé d'aider Louise lorsque la jeune femme, excédée des mauvais traitements de son mari Philippe de Cobourg, s'était enfuie avec un beau Hongrois. Et lorsque Clémentine lui avoua son amour pour le prince Napoléon, il lui interdit catégoriquement de l'épouser. Or elle était aussi rusée que son père. Elle feignit de s'incliner, attendit que Léopold II voulût bien mourir et s'empressa d'épouser en cette année 1910 l'élu de son cœur. Grâce à quoi l'actuelle maison impériale de France peut se vanter d'avoir dans ses veines une bonne dose de sang Orléans.

Une nouvelle expédition du duc d'Orléans Philippe, toujours vers le Grand Nord, le mène cette fois-ci aux îles Feroé et au Groenland, suivie d'un nouvel ouvrage extrêmement instructif — *Chasse et Chasseurs arctiques* — et d'un nouvel apport, surtout sous forme de volatiles, à la richissime collection d'animaux empaillés constituée pour son ingrat pays. Dans la foulée, il passa par l'Argentine et le Chili, simple détour, puis, dérogeant à ses habitudes, il effectua un long voyage en Russie, non pour sa faune et sa flore, mais pour étudier sa politique.

« Allons-nous-en, le tsar est foutu », conclut-il cinq ans avant la révolution de 1917.

INCENDIE DU CHÂTEAU D'EU, LE 11 NOVEMBRE 1902.
Le comte de Paris parti pour l'exil n'ayant plus l'usage de sa villégiature, la vendit à son cousin le comte d'Eu. Celui-ci, chassé du Brésil, profita de ce chassé-croisé qui lui permit de se réinstaller en France. Non seulement il entretint admirablement le magnifique château, mais après son incendie accidentel, le reconstruisit et le restaura avec soin et dévouement, créant un décor XVIIᵉ siècle-Louis-Philippe-1900 unique en son genre.

1898 - 1914 • Des voyages, des alliances, des drames

LE DUC D'ORLÉANS
EN EXPÉDITION AU PÔLE NORD.
Souvent parti de longs mois, le chef de la Maison de France découvrit plusieurs terres jusqu'alors inconnues, en particulier l'une à laquelle il donna son nom.

LE DUC D'ORLÉANS
DANS LA CABINE DE SON YACHT
AVEC LE DR RÉCAMIER.
Le chef de la Maison de France étant peu porté sur la plume, il laissa son fidèle collaborateur rédiger le récit de son expédition au Spitzberg.

Page de droite :
HÉLÈNE DE FRANCE,
DUCHESSE D'AOSTE.
Belle, intelligente, cultivée, excentrique, elle fascina tous ceux qui comptaient dans la vie artistique et intellectuelle de l'Italie.

1898 - 1914 • Des voyages, des alliances, des drames

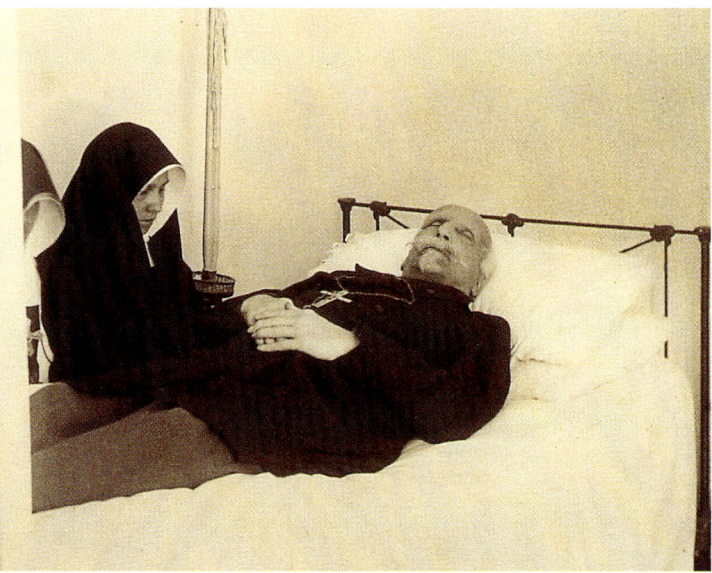

Henri d'Orléans, duc d'Aumale.
Le séduisant jeune homme est devenu un majestueux vieillard. Il partage son temps entre son château de Chantilly, où il continue à enrichir ses collections et à recevoir la terre entière et ses propriétés siciliennes.

Il se trouvait dans celle de Zucco, en 1897, lorsque le télégramme fatal lui parvint : sa nièce chérie, la duchesse d'Alençon, avait péri brûlée vive dans l'incendie du Bazar de la Charité. Le lendemain matin, son valet de chambre le trouva mort dans son lit. Le cœur n'avait pas tenu devant l'horreur de cette brutale nouvelle.
Ci-dessus : des nonnes d'un couvent voisin sont venues veiller sa dépouille mortelle.

Page de droite :
Philippe, duc d'Orléans
Il a hérité des propriétés siciliennes de son oncle Aumale. Il aime particulièrement cette riche terre de Zucco, située non loin de Palerme, qui produit un vin renommé.

La photo du bas le montre revêtu d'une djellabah et coiffé d'un fez pour sortir sur la terrasse devant laquelle s'ouvre un paysage ensoleillé.

Sur la photo du haut, revenu à Palerme, lors d'une rarissime rencontre avec son épouse, il séjourne dans le palais d'Orléans, où il reçoit les touristes de marque : ici l'empereur Guillaume II en uniforme d'amiral, bien qu'il s'agisse d'une visite privée, et son épouse l'impératrice Auguste Victoria aux formes imposantes.

Photo du centre :
La reine Amélie de Portugal sur le « Guadalquivir ».
Elle est arrivée sur son yacht, qu'elle va ancrer aux environs de Séville afin de se rendre chez sa mère, la comtesse de Paris, en sa propriété de Villamanrique. Elle contemple ces rivages qu'elle connaît depuis l'enfance, et que ses frères et elle-même aiment tellement.

1898 - 1914 • Des voyages, des alliances, des drames

PALAIS DE VILLAMANRIQUE.
Antoine d'Orléans, duc de Montpensier, avait été relégué à Séville par sa belle-sœur la reine Isabelle II à cause de ses inquiétantes intrigues. Il profita de ses loisirs pour restaurer sur sa cassette privée Los Alcazares, le magnifique palais royal de style mozarabe. En remerciement, il demanda à l'Etat espagnol de lui céder la propriété de Villamanrique. C'est ainsi qu'il reçut douze mille hectares de forêt et une vaste demeure campagnarde du XVIIIe siècle.

LA COMTESSE DE PARIS À VILLAMANRIQUE.
Elle avait hérité Villamanrique de son père, le duc de Montpensier. Veuve, elle y vécut le plus souvent possible.
Elle aimait y monter à cheval, chasser, et surtout *rejonear*, c'est-à-dire taquiner les jeunes taureaux du bout d'une lance. Ici, elle traverse le patio à colonnes au retour d'une de ses expéditions.

« PALOMO EL TRIANERO ».
La comtesse de Paris a donné à son bichon « chéri » un prénom romanesque et un surnom qui lui viennent de son lieu de naissance, Triana, le quartier gitan de Séville.

Page de droite :
LA DUCHESSE DE GUISE *(à droite)* ET L'INFANTE LOUISE *(à gauche)* À LA FÉRIA DE SÉVILLE.
Séjournant à Villamanrique chez leur mère, la comtesse de Paris, les deux sœurs en ont profité pour se promener dans cette fête populaire qui, depuis des siècles et de nos jours encore, attire à Séville tant d'aficionados.

1898 - 1914 • Des voyages, des alliances, des drames

1898 - 1914 • Des voyages, des alliances, des drames

1898 - 1914 • Des voyages, des alliances, des drames

Page de gauche :
ENTERREMENT
DU PRINCE HENRI D'ORLÉANS
À DREUX (1901).

Cet homme jeune, beau, intelligent, prometteur, cet explorateur déjà reconnu dans les milieux scientifiques, ce voyageur impénitent, qui a eu le temps d'explorer les contrées les plus éloignées, vient de mourir de la fièvre jaune à Saigon. Sa dépouille mortelle a été ramenée en France. Un solennel enterrement a lieu dans la chapelle royale de Dreux, dont Louis-Philippe a fait le panthéon des Orléans.

LE TSAR FERDINAND DE BULGARIE
DEVANT LE FRONTON
DU CHÂTEAU DE SAINT-CLOUD.

Devenu roi des Bulgares et personnalité internationale, Ferdinand de Saxe-Cobourg, fils de Clémentine d'Orléans, n'oublia jamais son illustre origine maternelle. Il fit transporter jusqu'en Bulgarie le fronton aux armes d'Orléans du château de Saint-Cloud, prétendument brûlé par les Prussiens en 1870. Cette résidence construite par Monsieur, frère du roi Louis XIV, était restée aux mains des Orléans jusqu'à Philippe Egalité. Ferdinand, coiffé d'un panama, inspecte majestueusement cette relique.

MARIE-LOUISE DE BOURBON-PARME,
PRINCESSE DE BULGARIE
(1870-1899).

Ferdinand de Bulgarie, sentit son devoir de fondateur d'une dynastie ; il lui fallait se marier et procréer. Il alla choisir une jeune fille point très jolie mais méritante, dans la famille la plus opposée aux Orléans, les Bourbon-Parme. À l'occasion de leur mariage, il fit faire pour Marie-Louise ce diadème de diamants et de rubis orné de fleurs de lys, qui évoquait sa famille maternelle, dont il était extrêmement fier et qui appartient toujours à ses descendants.

101

1898 - 1914 • Des voyages, des alliances, des drames

CLÉMENTINE DE BELGIQUE,
PRINCESSE NAPOLÉON
(1872-1955).
Elles étaient trois sœurs, filles du roi Léopold II des Belges, petites-filles de Louise d'Orléans. La dernière née, de loin la plus habile et la plus semblable à son père, eut le sort le plus heureux. Jeune fille, elle s'éprit du prétendant bonapartiste Victor Napoléon. Léopold II poussa les hauts cris et interdit une telle union. Clémentine avait de la patience, elle attendit que son père meure pour convoler en justes noces avec le chef de la dynastie concurrente des Orléans.

STÉPHANIE DE BELGIQUE,
ARCHIDUCHESSE
RODOLPHE D'AUTRICHE
(1864-1945).
La seconde sœur, Stéphanie, épousa l'héritier de l'Empire austro-hongrois, Rodolphe de Habsbourg. Dénuée de séduction et de subtilité, elle ne réussit pas à l'attacher à elle. Pour sa défense, elle n'avait que dix-sept ans lorsqu'on la maria à ce séduisant don Juan, instable et drogué. Il mourut à Mayerling avec sa dernière maîtresse en date, Maria Vetsera. Stéphanie se remaria à un baron hongrois.
La fille unique qu'elle avait eue de Rodolphe, l'archiduchesse Elizabeth, devait se distinguer par son socialisme avancé.

1898 - 1914 • Des voyages, des alliances, des drames

LOUISE DE BELGIQUE, PRINCESSE
PHILIPPE DE SAXE-COBOURG-GOTHA
(1858-1924).
La sœur aînée, prénommée comme sa grand-mère, épousa son cousin germain, Philippe de Saxe-Cobourg, fils de Clémentine d'Orléans. Il la rendit si malheureuse qu'un beau jour elle s'enfuit avec un bel aristocrate hongrois. Toutes les portes du clan royal se fermèrent devant elle.

1898 - 1914 • Des voyages, des alliances, des drames

1898 - 1914 • Des voyages, des alliances, des drames

Page de gauche :
LE ROI CARLOS
ET LA REINE AMÉLIE DE PORTUGAL
EN VOITURE DÉCOUVERTE.

La reine Amélie était dotée de formes plus que généreuses, mais le roi Carlos, lui, était devenu carrément énorme. Ce peintre amateur de grand talent, chasseur incorrigible, trouvait son épouse plutôt ennuyeuse. Ils viennent d'arriver à Lisbonne et défilent dans les rues, comme ils le feront quelque temps plus tard, un jour de 1908. Le roi revenait de son château de Villaviciosa. La reine et ses fils étaient allés l'accueillir. Alors que le cortège tournait le coin de la place du Commerce, les assassins bondirent et tuèrent quasi à bout portant le roi et son fils aîné, Louis-Philippe de Bragance.

LOUIS-PHILIPPE DE BRAGANCE,
PRINCE HÉRITIER DU PORTUGAL
(1887-1908).

Il reçut plusieurs balles, et mourut sur le coup sous les yeux de sa mère. Il avait vingt et un ans.

A droite :
MANUEL DE BRAGANCE,
FUTUR MANUEL II, ROI DE PORTUGAL
(1889-1932).

En cette fatale journée de 1908, les assassins venaient de tuer le roi Carlos

et son fils aîné. L'un d'entre eux visait son second fils lorsque la reine Amélie lui jeta à la figure le bouquet de fleurs

qu'elle tenait à la main, grâce à quoi le coup dévia et n'atteignit qu'au bras l'ultime représentant de la dynastie. Il

fut aussitôt proclamé roi sous le nom de Manuel II. Il avait dix-neuf ans.

105

1898 - 1914 • Des voyages, des alliances, des drames

Le roi Manuel II de Portugal et le président Fallières.

Le règne de Manuel II ne dura que deux ans, jusqu'à ce que les forces révolutionnaires et peut-être certaines puissances étrangères aient raison de lui. Dans ce court laps, il réussit à cimenter une alliance qui lui tenait à cœur, celle du Portugal et du pays de sa mère, la France. À cette occasion il rendit visite au président de la République en exercice, Armand Fallières.

Page de droite :

Mariage de Louise de France et de l'infant Carlos : le duc de Montpensier et la duchesse de Guise.

La noce de Louise se prépare, on installe la décoration conçue pour la circonstance. Isabelle et son frère Ferdinand sortent du château de Woodnorton pour se détendre avant les pompes matrimoniales.

La reine Amélie de Portugal en veuve

La sanglante tragédie qui emporta son mari et son fils aîné n'abattit pas cette femme courageuse. Elle se consacra au survivant et tâcha de l'aider dans le rôle impossible qui lui était échu : régner sur un pays particulièrement instable en proie à divers courants révolutionnaires.

1898 - 1914 • Des voyages, des alliances, des drames

1898 - 1914 • Des voyages, des alliances, des drames

MARIAGE DE LOUISE DE FRANCE. En novembre 1907, la dernière fille du comte de Paris épousa Charles de Bourbon-Siciles, infant d'Espagne, veuf de la princesse des Asturies. La noce qui réunit les familles royales espagnole et française se déroula à Woodnorton chez le duc d'Orléans, frère aîné de la mariée.
En haut à gauche, les mariés sortent de la chapelle.
En haut à droite, la duchesse de Chartres, tante de la mariée, au bras d'un frère du marié, et derrière elle, son frère, le duc de Penthièvre.

Page de droite. ALPHONSE XIII, ROI D'ESPAGNE, AU BRAS DE LA COMTESSE DE PARIS.
Le chef de la Maison d'Espagne, que tant de liens matrimoniaux attachaient aux Orléans, ne manqua pas d'assister au mariage de sa cousine. Lui-même en avait été amoureux et avait songé à l'épouser, mais sa mère, la reine régente Marie-Christine, s'y était opposée : « Une Orléans, jamais ! » Derrière lui, le frère cadet de la mariée, le duc de Montpensier.

1898 - 1914 • Des voyages, des alliances, des drames

L'INFANT ALPHONSE D'ORLÉANS. Petit-fils d'Antoine d'Orléans, duc de Montpensier, il est le chef de la branche espagnole des Orléans. Invité au mariage de sa cousine Louise de France, il défile au bras d'une princesse de Belgique devant un cousin hongrois. Personnage immensément populaire, aviateur émérite, original patenté, l'infant Alphonse connut une vie parsemée d'aventures, dont son mariage ne fut pas la moindre.

1898 - 1914 • **Des voyages, des alliances, des drames**

LA REINE MARIE DE ROUMANIE ET L'INFANTE BÉATRICE D'ORLÉANS. Elles sont sœurs, princesses de Grande-Bretagne et petites-filles de la reine Victoria. L'aînée règne sur la Roumanie avec panache, la cadette Béatrice déchaîne un scandale en épousant, toute protestante qu'elle soit, l'infant Alphonse d'Orléans, tout catholique qu'il fût. Le roi d'Espagne, outré, leur ôta leurs titres et le droit de résider en Espagne. Puis il y eut réconciliation et Béatrice put jouir des honneurs auxquels elle avait droit. Ce fut la seule alliance entre la Maison d'Orléans et la Maison d'Angleterre.

CHAPITRE 7

1914 - 1918

Dans la tourmente

LE DUC DE GUISE PENDANT LA PREMIÈRE GUERRE MONDIALE. Comme la République l'avait fait naguère avec ses oncles et avec son père, elle refusa à Jean d'Orléans la permission de se battre dans l'armée française. Il réussit pourtant à se faire engager par la Croix-Rouge et devint brancardier sous le pseudonyme de Jean Orliac. Il fit son travail courageusement, modestement, se laissant même houspiller par les pioupious.

Pendant que le duc d'Orléans parcourait le vaste monde à bord de son grand voilier, au fond du bled marocain une famille de colons français, les Orliac, tâchaient de développer une terre ingrate. De l'aube à la nuit, le mari, un géant, la femme, une beauté délicate, aidés de leurs trois filles et de leur fils, travaillaient la terre, irriguaient, plantaient, récoltaient. Lorsque les parents devaient se rendre à Tanger ou à Rabat, c'étaient les jeunes enfants qui faisaient tourner la ferme, s'occupaient de la maison, surveillaient les ouvriers indigènes. Sympathiques et accueillants, ils étaient fort populaires parmi les autres colons, mais étant les plus jeunes d'entre eux, lors des agapes entre voisins, ils étaient régulièrement placés en bout de table. Un jour, un joyeux banquet avec les autorités tangéroises fut interrompu par l'entrée du ministre d'Espagne qui, d'une voix de stentor, annonça : « Sa Majesté le roi Alphonse fait dire à sa cousine... » Alors les convives médusés virent la jeune et jolie Mme Orliac se lever et se diriger vers le diplomate, car sous ce pseudonyme se cachaient le duc et la duchesse de Guise. Lui était le fils cadet du duc de Chartres, elle, Isabelle de France, la troisième fille du comte de Paris. Lorsque son neveu et sa nièce s'étaient mariés sous ses auspices, le duc d'Aumale avaient voulu qu'ils portent le titre de son fils mort à la fleur de l'âge. Le jeune ménage avait commencé par s'installer au nord de la France dans le lugubre château du Nouvion-en-Thiérache, une des propriétés de famille, héritée entre autres de Marie Stuart; mais l'ennui avait vite fini par y submerger la duchesse de Guise. Son mari n'avait aucune chance de devenir chef de la Maison de France puisque frères et cousins le précédaient. Aussi un peu d'aventure était-elle autorisée. La duchesse de Guise, entraînant son mari réticent et ses enfants ravis, s'était embarquée pour Tanger. Là, ils avaient acheté des chevaux et longé la côte jusqu'à une petite ville fort ancienne et assoupie, Larache. Ils y avaient obtenu une concession qu'ils avaient plus tard étoffée d'autres propriétés dans ce qui allait devenir le Maroc français. Même si le duc de Guise regrettait Paris, tous aimaient jusqu'à la rudesse de leur existence, au point que mère et enfants devaient y gagner un atta-

LE DUC DE GUISE
PENDANT LA GUERRE DE 14-18.
Le brancardier Jean Orliac accompagne un transport de blessés.

chement indélébile au Maroc. La duchesse de Guise y trouvait le souffle, l'espace, la liberté, mais aussi la simplicité, qui convenaient à sa personnalité exceptionnelle, et la cocasserie de certaines situations éveillait son humour. Elle s'était liée d'amitié avec le Raï Suni, un bandit légendaire à l'existence rocambolesque qui devait finir pacha d'Arcila, ville voisine de Larache. « Comment peux-tu boire tant d'alcool, ô pacha, alors que le Coran te le défend ? – Chaque fois que la boisson interdite coule dans ma gorge, Allah fait un miracle et la transforme en eau, ô princesse. »

Ce fut sans crainte qu'elle et sa famille subirent la révolte d'Abd el-Krim, alors qu'on tirait en tous sens dans les rues de Larache. De même une quarantaine d'années plus tard, lorsque les troubles causés par l'indépendance du Maroc ensanglantèrent la ville, elle montait sur la terrasse pour suivre les événements à l'aide de son face-à-main, pendant que, réfugiées dans la cave, les *niñas* espagnoles tremblantes de terreur récitaient le rosaire.

Dans le Maroc des débuts du colonialisme, seul Lyautey, le légendaire proconsul, connaissait la véritable identité des Orliac. Malgré sa fidélité légitimiste, il éprouvait la plus grande estime pour ces princes d'Orléans devenus des sortes de missi dominici de la France. Un jour que la duchesse de Guise était venue lui rendre visite à Marrakech, où il l'avait logée au palais de la Bahia, il lui fit porter deux bracelets d'or par l'intermédiaire d'un jeune prince arabe... le futur roi Mohammed V.

Cette existence dangereuse et enchanteresse fut interrompue par le coup de tonnerre d'août 1914. Comme en 1870, les princes d'Orléans demandèrent tous à s'engager sous n'importe quelle identité, dans n'importe quelle capacité. De nouveau, la Troisième République méprisa leur requête. Alors apparut sur le front Jean Orliac humble délégué de la Croix-Rouge. Il dormait n'importe où et se livrait aux tâches les plus modestes, infatigable et toujours souriant, même lorsqu'il se faisait houspiller par les pioupious.

1914 - 1918 • Dans la tourmente

LA COMTESSE DE PARIS
ET LA REINE AMÉLIE
PENDANT LA GUERRE DE 14-18.
Alors que son gendre, le duc de Guise, servait comme brancardier, la comtesse de Paris installait un hôpital militaire en son château de Randan. La reine Amélie de Portugal en visite chez sa mère et assise non loin d'elle, en profita pour mettre la main à la pâte et soigner les blessés.

Puis, un beau jour, la République, avec une belle inconstance, se rappela qu'il était le duc de Guise et l'envoya en mission secrète à Sofia. Là-bas, régnait le cousin germain de ses parents, Ferdinand de Saxe-Cobourg, presque trente ans après avoir été poussé sur le trône par sa mère Clémentine d'Orléans. Il avait transformé un pays moyenâgeux en nation moderne, il était devenu une des personnalités les plus en vue de la scène politique, dont les avis étaient recherchés et les intrigues redoutées. Le succès n'avait fait que décupler ses ambitions qui désormais le poussaient vers les empires centraux. Le duc de Guise fut chargé de ramener ce demi-Français à de meilleurs senti-

ments. Sans succès. Ferdinand, malgré tout son génie, misa sur le mauvais cheval... et à la fin de la guerre il perdit son trône, alors que le duc de Guise, lui, recevait la croix de guerre française, avant de repartir au Maroc reprendre sa rude existence de colon. Entre-temps, sa belle-mère, la comtesse de Paris, dirigeait l'hôpital militaire qu'elle avait créé à Randan, en Auvergne. Louis-Philippe avait somptueusement restauré et décoré ce château du XVIe siècle qu'il avait acheté pour sa sœur Madame Adélaïde. Depuis, sa petite-fille, la comtesse de Paris, en avait hérité et y résidait lorsqu'elle voulait bien quitter son cher Villamanrique. Dès le début de la guerre 14-18, on rangea dans

1914 - 1918 • Dans la tourmente

LE COMTE D'EU ET SON PETIT-FILS LE PRINCE PIERRE D'ORLÉANS-BRAGANCE PENDANT LA GUERRE DE 14-18. Malgré son grand âge, Gaston d'Orléans n'a pas hésité à rempiler. Il s'est engagé dans la garde municipale, chargée de maintenir l'ordre en l'absence des plus jeunes, partis au front.

des armoires les souvenirs historiques, on entassa dans des greniers les meubles de grand prix, on roula des admirables portraits de famille. La comtesse de Paris et ses filles se transformèrent en infirmières et se dévouèrent pour les blessés de guerre. Ceux-ci leur en furent certainement reconnaissants, mais ne purent s'empêcher de faire découvrir la richesse de leur vocabulaire au perroquet de la comtesse de Paris qui, bon élève, l'accueillit un jour par un strident : « Bonjour, maman cochon. »

La France pansait ses blessures dues à la guerre, et la Maison de France se trouvait en mal d'héritier. Les descendants du fils de Louis-Philippe, Antoine d'Orléans duc de Montpensier, étaient espagnols, ceux du comte d'Eu brésiliens, le frère aîné du duc de Guise, le beau prince Henri, était mort, le duc d'Orléans n'avait aucun espoir d'engendrer un enfant légitime. Ne restaient plus par ordre de préséance que son frère cadet Ferdinand, titré duc de Montpensier, son beau-frère le duc de Guise, ses cousins le duc de Vendôme et son fils Charles, descendants du duc de Nemours. C'était peu, aux normes d'une famille royale. Aussi, les sœurs de Ferdinand, la reine Amélie, la duchesse d'Aoste, la duchesse de Guise et l'infante Louise décidèrent-elles de le marier.

Elles dénichèrent une jeune fille bien sous tous rapports, et de plus fort riche, ce qui excusait la modestie de sa noblesse castillane. Ferdinand d'Orléans épousa donc Isabelle, marquise de Valdeterrazo, en 1921, et s'installa avec elle au château de Randan qu'il avait hérité de sa mère.

Ses sœurs respirèrent, hélas pour peu de temps, car le duc de Montpensier mourut d'une façon sinon inexplicable, du moins inexpliquée, avant d'avoir pu produire une descendance. Bientôt, le château de Randan brûla mystérieusement et les trésors qu'il contenait disparurent.

Revenu de tout, le duc d'Orléans reprit ses errances. Il ne restait plus de terres à découvrir, et son cher pôle avait été sillonné en tous sens par les expéditions étrangères. Sa collection d'animaux était quasi complète et il avait dû se séparer de son yacht. Il repartit cependant pour l'Amérique du Sud d'où

1914 - 1918 • Dans la tourmente

LES JEUNES PRINCES D'ORLÉANS-BRAGANCE AU CHÂTEAU D'EU PENDANT LA PREMIÈRE GUERRE MONDIALE Pendant toute la durée de la guerre, cette branche des Orléans, devenue la famille impériale du Brésil, demeura en Normandie. La petite fille aînée du comte d'Eu, la princesse Isabelle, future comtesse de Paris, s'amuse à grimper avec quelques-uns de ses frères et sœurs sur un tank, dernier cri de l'industrie d'armement, cadeau de l'armée britannique à la ville d'Eu.

il ramena de nombreux serpents, puis il s'enfonça dans le continent africain. Du Cap, il remonta lentement vers Khartoum, se livrant immodérément aux plaisirs de la chasse et faisant à chaque étape des massacres. La Somalie, l'Ethiopie, l'Egypte – il parcourut toutes ces contrées jusqu'à satiété. Epuisé, il arriva à Palerme en son palais d'Orléans, qu'il avait hérité de son arrière-grand-mère la reine Marie-Amélie. Cette très vaste demeure sans grand caractère, située en dehors des gros remparts normands de la capitale sicilienne, abritait de somptueuses collections constituées par le roi Ferdinand et la reine Marie-Caroline. Mais surtout, tout autour s'étendait sur des dizaines d'hectares le plus beau parc de l'île, où orangers et citronniers se mêlaient aux palmiers et aux essences rares. Aujourd'hui, il ne reste rien du décor original du palais, dépersonnalisé par l'administration qui l'occupe, et le parc est réduit à l'embryon de ce qu'il fut. Le chaud soleil de l'hiver sicilien, le ciel éternellement bleu, l'air marin, les parfums des fleurs ne réussirent pas à rétablir le duc d'Orléans. Une congestion pulmonaire l'emporta en quelques jours, au mois de mars 1926. Les portes de son pays, qui de son vivant lui étaient restées fermées, s'ouvrirent devant sa dépouille mortelle et il put reposer à Dreux dans le panthéon des Orléans, créé par Louis-Philippe.

1914 - 1918 • Dans la tourmente

Les enfants du duc et de la duchesse de Guise *(à gauche)* pendant la guerre de 14-18. Alors qu'il transporte des blessés sur le front, le duc de Guise garde sur lui cette photo de ses quatre enfants qu'il tire de son portefeuille et contemple avec nostalgie. « Ferme de Marif, août 1915, prise par un lieutenant de gendarmerie », a-t-il écrit de sa main. La ferme de Marif, c'est cette propriété qu'il a acquise et développée au Maroc, avec sa femme, et où il a laissé sa progéniture.

1914 - 1918 • Dans la tourmente

Page de gauche :
LE DUC D'AOSTE
EMMANUEL PHILIBERT
DÉCORE SON FILS, LE PRINCE AMÉDÉE,
SUR LE FRONT
PENDANT LA GUERRE DE 14-18.

L'Italie étant enfin entrée en guerre aux côtés des Alliés, le duc d'Aoste, mari d'Hélène de France, commanda plusieurs armées italiennes et leur fit remporter de brillantes victoires. Son fils aîné, Amédée, s'engagea comme volontaire à dix-sept ans, et pour sa conduite courageuse, reçut la croix de guerre des mains de son père.

PREMIÈRE COMMUNION
D'HENRI ET D'ANNE ORLÉANS.

C'était pendant la guerre ; la cérémonie se déroula bien modestement. Les deux cadets du duc et de la duchesse de Guise, qui s'apprêtent à recevoir l'hostie, deviendront la duchesse d'Aoste et le comte de Paris.

119

LE COMTE DE PARIS ET LE PRINCE CARLOS DE BOURBON.

Henri d'Orléans aimait particulièrement son cousin germain, fils de Louise de France. Ils avaient le même âge et faisaient du scoutisme ensemble. Carlos de Bourbon combattra dans la guerre civile espagnole et y sera tué.

LA COMTESSE DE PARIS SUR SON LIT DE MORT.

L'infante Isabelle d'Orléans, comtesse de Paris, mourut en 1919, en sa propriété bien-aimée de Villamanrique. Au mur, derrière les chandeliers, on distingue le célèbre tableau représentant le mariage de ses parents, le duc de Montpensier et l'infante Marie-Louise Fernande, actuellement exposé à la mairie de Séville.

1914 - 1918 • Dans la tourmente

LE COMTE D'EU
LORS DE SON DERNIER VOYAGE.
En 1922, la loi d'exil fut abolie au Brésil et la famille impériale eut la possibilité de revenir au pays.
Le comte d'Eu s'embarqua avec sa famille sur un paquebot qui devait l'emmener jusqu'à Rio de Janeiro, mais en chemin, peu avant d'atteindre la terre bien-aimée, il s'éteignit brusquement.
Cette photo a été prise quelques jours avant sa mort inattendue.

CHARLES PHILIPPE D'ORLÉANS,
DUC DE NEMOURS
(1905-1970).
Unique fils du duc de Vendôme et de la princesse Henriette de Belgique, il devait se marier sans le consentement de sa famille, et de ce fait se vit exclu de la Maison de France. « The duke of No-more », le surnomma son cousin le duc de Guise. Demeuré sans postérité, avec lui s'éteignit la lignée française et mâle inaugurée par le second fils de Louis-Philippe.

1910 - 1914 • Dans la tourmente

MARIAGE DE FERDINAND D'ORLÉANS, DUC DE MONTPENSIER, LE 20 AOÛT 1921.

Le duc de Montpensier ayant atteint l'âge de trente-sept ans, ses sœurs, la reine Amélie, la duchesse de Guise et l'infante Louise décidèrent qu'il était temps de le marier. Elles dénichèrent la perle rare, Isabelle de Valdeterrazzo, vicomtesse de Las Antrinas, une Espagnole de noblesse peut-être récente mais pourvue de nombreux millions. Trois ans plus tard, le duc de Montpensier mourait d'une façon inexpliquée. Peu après, sa veuve vit leur château de Randan brûler d'une façon tout aussi inexpliquée, puis elle se retira en Espagne...

Page de droite :
LA DUCHESSE DE GUISE À LA SORTIE DE NOTRE-DAME APRÈS LE REQUIEM POUR SON FRÈRE LE DUC D'ORLÉANS (1926).

La mort du duc d'Orléans ayant fait du duc de Guise le chef de la Maison de France et le prétendant au trône, il dut s'exiler. Ce fut son épouse qui présida au service religieux en mémoire du défunt. À la sortie, elle trouva la place bondée de royalistes qui à sa vue hurlèrent: « Vive la reine, vive la reine! » Elle mit son doigt sur sa bouche, et ce simple geste d'une petite femme en noir suffit à imposer silence à des milliers de partisans.

1910 - 1914 • Dans la tourmente

La princesse Isabelle de France (1900-1983).

Fille aînée du duc et de la duchesse de Guise, elle était déjà mariée et mère de famille lorsque son père devint le prétendant au trône de France. Elle avait en effet épousé le comte Bruno d'Harcourt. Maîtresse femme à la personnalité fortement dessinée, elle fut la collaboratrice fidèle de son père.

La princesse Françoise de France (1902-1953).

Seconde fille du duc et de la duchesse de Guise, elle attirait les regards par sa beauté. Le roi Alexandre de Yougoslavie, qui devait périr assassiné à Marseille, demanda sa main qu'elle lui refusa. Généreuse, charitable, humaine, elle devait s'attacher exclusivement à faire le bonheur de tous ceux qui l'approchèrent.

La princesse Anne de France (1906-1986).

Troisième fille du duc et de la duchesse de Guise, très grande, élancée et ravissante, elle devait connaître une vie chargée de situations épineuses et d'épreuves qu'elle traversa en femme de devoir, s'attirant le respect général.

1910 - 1914 • Dans la tourmente

LE PRINCE HENRI DE FRANCE, FILS DU DUC DE GUISE (NÉ EN 1908). On lui a donné le prénom de son oncle, le bel explorateur mort à Saigon dans sa prime jeunesse. Il est pour l'instant un fils de cadet de la Maison d'Orléans, et pourtant, très bientôt, des morts successives vont faire de lui le dauphin *de jure*.

CHAPITRE 8

1918 - 1939

Le Roi et les royalistes

ISABELLE DE FRANCE, DUCHESSE DE GUISE, À L'ÉPOQUE DU MARIAGE DE SON FILS HENRI, COMTE DE PARIS. **Elle fut le chef d'orchestre de ce mariage. Cette photo où elle pose en robe de lamé, arborant la parure de saphirs et de diamants dite de Marie-Antoinette, illustre bien son talent inégalé à mêler la majesté de la reine à la séduction de la femme.**

Le nouveau chef de la Maison de France se trouva alors être le duc de Guise, qu'une ribambelle de morts inattendues plaçait dans une position à laquelle il n'avait pas été préparé. Son nouveau statut de Prétendant le condamna brusquement à l'exil. La République, reconnaissante de son rôle pendant la Grande Guerre, lui fit savoir qu'il pourrait continuer à séjourner en France pourvu qu'il demeurât en dehors de la politique, mais il avait trop le sens du devoir pour se laisser fléchir. Il fit part de sa décision à son unique fils, l'actuel comte de Paris, lui aussi obligé par la loi de s'expatrier : « Nous partirons en exil. » Puis il remplit une fiole de sa terre bien-aimée sur laquelle il inscrivit « Paname », et les lèvres serrées mais le cœur brisé, il alla s'installer le plus près possible de la France, en Belgique.

Le duc de Guise, en accédant à la tête de la Maison de France, trouva en face de lui l'Action française. Le vieux parti royaliste avait plutôt sommeillé pendant des décennies. En 1910, Charles Maurras en avait pris la tête. Ce patriote intransigeant, ce théoricien infiniment intelligent, cet écrivain au vaste talent, aidé du polémiste Léon Daudet et de l'historien Bainville, transforma un outil vétuste en machine puissante et ultra-moderne. Se modelant sur le dernier cri de la mode politique, le parti monarchiste se dota de structures admirablement rodées et dans le vide grandissant creusé par les erreurs et les faiblesses de la République, attirait de plus en plus d'adhérents. Bien sûr, l'Action française soutenait le Prétendant, mais désormais sa force, son importance lui permettaient de se passer des avis de ce dernier. Au début, cependant, une crise les rapprocha. En 1928, le pape prononça l'interdiction de l'Action française en excommuniant ses adhérents. Cette décision à l'encontre d'un parti qui se voulait ouvertement catholique paraissait inexplicable, elle répondait cependant au désir velléitaire de l'Eglise de se gagner une gauche qui la récusait en sacrifiant une droite qui la soutenait. Il fallut laisser passer des années, il fallut aussi les efforts conjugués d'une des filles du duc de Guise, la princesse Françoise, installée à Rome, et du cardinal secrétaire d'Etat Eugène Pacelli, futur Pie XII, pour venir à bout du

LE DUC DE GUISE
AU MANOIR D'ANJOU - (1926).
Le hasard ayant fait de lui le chef de
la Maison de France, le duc de Guise
se trouva bien malgré lui sous les
projecteurs de la scène politique.
Première corvée : se faire immorta-
liser dans un film destiné à faire
connaître son image dans les cercles
royalistes, qu'il ne peut visiter.

différend qui opposait désormais la Maison de France et le Saint-Siège. Cette injuste mesure n'avait fait qu'encourager la duchesse de Guise à soutenir l'Action française, dont certains idéaux correspondaient aux siens mieux qu'à ceux de son mari.

La Maison de France avait élu domicile au Manoir d'Anjou, hérité du duc d'Orléans, et situé à la porte de Bruxelles. Un parc un peu triste entourait une vaste villa qui contenait les trésors réchappés des guerres et des révolutions, les portraits de famille par Champaigne, Rigaud, Largillière, Ingres, Reynolds, Gros, Pourbus, Vigée-Lebrun, l'argenterie du Régent ciselée par Thomas Germain, d'innombrables et fascinants souvenirs historiques comme la table de Marie-Antoinette ou un morceau du manteau de Saint Louis. Les Orléans avaient toujours accumulé les livres. Le seul château d'Arc-en-Barrois en Champagne contenait trente mille éditions rares appartenant au duc de Chartres. La bibliothèque du Manoir d'Anjou, constituée en grande partie par le duc de Guise, représentait des années de recherches et d'achats judicieux. Dans un cadre digne d'eux, lui et sa femme reçurent nombre de personnalités, politiques ou non, des délégations de royalistes, des Français de toutes origines, de toutes classes, de tous âges, auxquels ils ne fermaient jamais leur porte tant le contact de leurs compatriotes leur faisait de bien. C'était l'époque où Charles de Gaulle appartenait à l'Action française et où François Mitterrand fit le voyage au Manoir d'Anjou. Les soirs de galas, le Prétendant revêtait l'habit, et la duchesse de Guise arborait la resplendissante parure de saphirs et de diamants qui avait appartenu à Marie-Antoinette, à Joséphine, à Hortense. Lui impressionnait les visiteurs par sa sagesse, elle les ensorcelait tous, même lorsqu'elle donnait libre cours à un franc-parler parfois fracassant.

N'étant pas frappée par la loi d'exil qui chassait son mari et son fils de France, elle organisa avec enthousiasme des tournées de propagande dans la capitale et dans les provinces. Elle y mêla la séduction de la femme, l'impressionnante dignité de la reine et l'intrépidité d'une combattante.

1918 - 1939 • Le Roi et les royalistes

Bref, elle souleva les foules. Chaque année aussi, elle plantait là ses partisans enfiévrés pour aller faire de longs séjours dans son Maroc bien-aimé qui jamais ne quittait tout à fait son cœur.

Cependant, son mari prenait ses distances vis-à-vis de l'Action française, dont les grandissants relents fascistes l'inquiétaient et le révulsaient. « La monarchie n'est pas un parti », répétait-il. Sa rigueur morale, l'intransigeance de ses principes le faisaient respecter et écouter. Il sut conserver intacts le prestige de la Maison de France, la fortune des Orléans et une famille unie. Cependant il ne se sentait pas fait pour la politique car il souffrait d'une profonde timidité qui d'ailleurs cachait un grand cœur. Aussi commença-t-il à laisser les rênes sur le cou de son fils unique, le très jeune comte de Paris. Beau et brillant, il séduisait tout le monde. Travailleur acharné, sa connaissance des dossiers le différenciait de la plupart des princes qui tendaient plutôt vers l'amateurisme. Ses idées « avancées », ses initiatives audacieuses inquiétèrent ses pairs. Il déconcertait car il échappait à toute classification. Cependant sa personnalité flamboyante qui ignorait la timidité devait attirer vers lui et multiplier ses partisans. Ceux-ci se comptèrent chez les royalistes bien sûr, mais aussi, de plus en plus nombreux, chez les républicains. Il commença par avoir de nombreuses entrevues avec Maurras qui tâcha de le ranger à ses vues : « A vrai dire, devait-il raconter, j'écoutais, je comprenais, mais je n'appréciais guère. Quelque chose en moi se bloquait... » Ce quelque chose, c'était le libéralisme traditionnel des Orléans dont le comte de Paris était imprégné et qui se heurtait presque viscéralement aux thèses musclées du vieux théoricien.

Un heureux événement vint replâtrer temporairement la brouille. Le duc et la duchesse de Guise avaient déjà marié leurs trois filles, l'aînée, la princesse Isabelle, au comte Bruno d'Harcourt, issu de la famille la plus ancienne et la plus illustre de l'aristocratie française ; la seconde, Françoise, au prince Christophe de Grèce ; quant à Anne, la troisième... La

AMÉDÉE DE SAVOIE-AOSTE, DUC DES POUILLES (1898-1942).
L'adolescent a été envoyé en garnison en Libye, depuis peu colonisée par l'Italie. Il a emprunté la tenue locale et conduit avec maestria son chameau. Très bientôt, il va se fiancer à sa cousine germaine, Anne de France.

HENRI DE FRANCE,
FUTUR COMTE DE PARIS,
ÉTUDIANT À LOUVAIN.

Le duc et la duchesse de Guise avaient inscrit leur unique fils à l'université belge de Louvain. Pour se détendre des cours d'histoire, de politique, d'économie et de droit, il joue du saxophone, montrant une éphémère disposition pour la musique, à laquelle les Orléans restent plutôt hermétiques.

duchesse de Guise était restée toujours étroitement liée à sa sœur Hélène, duchesse d'Aoste. Celle-ci, depuis que le mariage l'avait conduite en Italie, s'y était taillé une place de choix par sa personnalité détonnante, son caractère indomptable, son originalité, son allure. Son amitié pour D'Annunzio, pour Puccini, ses audacieuses prises de position politique, son insolence, l'ambition plus ou moins secrète qu'elle couvait pour ses deux fils l'avaient fait si bien remarquer qu'on avait préféré la reléguer à Naples, dans le splendide palais de Capodimonte. En un rien de temps, elle devint la reine de la ville. Dure avec elle-même, dure avec les autres, la duchesse d'Aoste avait élevé à la dure ses deux fils. Le cadet, Aymon, duc de Spolète, le plus intelligent mais aussi le plus retors, devait en 1941 se voir offrir la chimérique couronne de Croatie, avant de finir tristement dans un isolement total à Buenos Aires. L'aîné, Amédée, s'était à dix-sept ans engagé volontaire pendant la Première Guerre mondiale. Il s'était battu avec les Italiens contre les Autrichiens, si bravement que son père avait pu fièrement épingler la croix de guerre sur la poitrine de cet adolescent. Depuis, ce géant moderne, sportif et sympathique, était devenu de loin le membre le plus populaire de la famille royale italienne. Il ne tarda pas à demander la main de sa cousine germaine, Anne de France. Rien ne pouvait mieux combler les deux sœurs, la duchesse d'Aoste et la duchesse de Guise, que de voir le fils de l'une épouser la fille de l'autre. La cour d'Italie déploya une pompe grandiose à l'occasion des noces qui eurent lieu à Naples. L'ancienne capitale des rois Bourbons n'avait plus vu un spectacle aussi magnifique depuis l'éviction de ceux-ci.

Bientôt, ce fut au tour du comte de Paris de se fiancer avec sa lointaine cousine, la princesse Isabelle d'Orléans-Bragance, issue de cette branche des Orléans devenue brésilienne. «La plus belle fille d'Europe», jugeait le vieux Ferdinand de Bulgarie. Le marié et son père exilés de France, la noce se déroula à Palerme. Des milliers de monarchistes menés par Maurras firent le voyage pour lever leur verre à la santé des nouveaux mariés. Après une somptueuse cérémonie dans la cathédrale de Palerme, à laquelle assistèrent de nombreuses têtes couronnées, une réception mammouth se déroula dans les jardins du palais d'Orléans, au cours de laquelle les «Vive le roi!» et «Vive la reine!» retentirent en force. L'Action française semblait inébranlablement soudée à la famille royale.

Hélas, les événements prenant une tournure de plus en plus grave réduisirent les occasions de se réjouir. La monarchie espagnole à laquelle la Maison de France était liée par tant de mariages durant tant de générations avait été renversée, et le roi Alphonse XIII, si populaire parmi ses cousins et neveux français, avait dû s'exiler. Il eut la satisfaction de marier son fils et héritier Don Juan à la princesse Maria, fille de cette Louise de France qu'adolescent il avait songé à épouser. De cette union devait naître l'actuel roi d'Espagne. Entre-temps, la République espagnole vacillait sur ses bases. Pendant ses séjours à Larache, la duchesse de Guise entendait le mécontentement de l'armée espagnole s'exprimer par la voix des officiers de la garnison. Elle les recevait fréquemment, en particulier un capitaine petit et rondouillard nommé Francisco Franco. Du Maroc espagnol partit le pronunciamiento qui déclencha la plus terrible guerre civile. Deux princes, dans les veines desquels coulait le sang d'Orléans, devaient y laisser leur vie : Carlos, le fils de cette même Louise de France, et Alphonse d'Orléans, de la branche devenue espagnole depuis Antoine duc de Montpensier et l'infante Marie-Louise Fernande.

Depuis leur mariage, le comte et la comtesse de Paris voyaient chaque année leur foyer s'agrandir d'un enfant. Ils s'étaient installés en Ardennes, au château d'Agimont, des terrasses duquel le comte de Paris pouvait apercevoir la France qui lui était interdite. Cette famille idéale, dont les photographies étaient distribuées à des milliers d'exemplaires, réchauffait les cœurs royalistes. Couple jeune et séduisant, les parents se voyaient partout invités et fêtés. Le comte de Paris emmenait sa femme, dans son monoplan, qu'il pilotait lui-même, et

LA DUCHESSE DE GUISE AU CAIRE, AVEC LA SULTANE MELEK.

Jeune mariée, la duchesse des Pouilles, Anne de France, alla en Égypte et y tomba si gravement malade que sa mère dut accourir d'urgence. Lorsque sa fille se trouva hors de danger, la duchesse de Guise put se livrer au tourisme, et en particulier rendre visite dans un somptueux palais cairote à la sultane Melek, veuve du sultan Hussein Kamel, prédécesseur du roi Fouad.

1918 - 1939 • Le Roi et les royalistes

ISABELLE D'ORLÉANS-BRAGANCE
EN TRAIN DE LIRE.
Avant de devenir écrivain à succès, la future comtesse de Paris commence par être une dévoreuse de livres. Elle trouve même les endroits les plus inattendus, comme un placard de bibliothèque, pour se livrer à sa passion.

tous deux participaient à des rallyes aériens au cours desquels festins et bals marquaient chaque étape. Cependant le comte de Paris ne perdait pas une miette de ce qui se passait en politique, prenant de plus en plus ses distances vis-à-vis de Maurras et de son mouvement. En 1938, bravant l'interdit, il entra clandestinement en France et donna devant les journalistes médusés une conférence de presse retentissante, avant de repartir aussi aventureusement en brouillant les pistes. Le duc de Guise soutint inconditionnellement son fils, et ce fut entre la Maison de France et l'Action française la rupture.

De plus en plus inquiets devant les nuages qui s'épaississaient dans le ciel de l'Europe, le comte de Paris multiplia les missions d'information, pour son compte personnel comme pour le compte du gouvernement français, dans les Balkans, en Italie, en Europe centrale. Hypnotisé par la tempête approchante, il en reniflait l'imminence alors qu'il parcourait un continent en ébullition. Se sentant poursuivi par un vent déjà furieux, il tenta un dernier rapprochement avec Maurras, sans succès, car ce dernier refusa de le voir et lui fit répondre : « Dites au prince que j'ai à défendre l'héritage contre l'héritier. »

1918 - 1939 • Le Roi et les royalistes

LE DUC ET LA DUCHESSE DE GUISE
Le prétendant et sa femme posent dans le hall d'un palace bruxellois avec cette dignité innée qu'ils gardent en toutes circonstances. C'est l'époque où l'Action française crée en France un profond renouveau monarchiste.

1918 - 1939 • Le Roi et les royalistes

MARIAGE DE LA PRINCESSE ANNE DE FRANCE ET D'AMÉDÉE DE SAVOIE-AOSTE, DUC DES POUILLES.
La fille cadette du duc de Guise épousa le fils aîné d'Hélène de France. Ils étaient accordés sur beaucoup de choses, et en particulier sur leur taille, exceptionnellement élevée. Leur mariage se déroula en grande pompe à Naples, en novembre 1927. Le marié au bras de sa mère, cachée par lui, a quitté le palais royal et se dirige vers l'église Saint-François-de-Paule. Il passe sous le nez fort long de la statue équestre du roi Ferdinand Iᵉʳ des Deux-Siciles, son ancêtre.

Page de droite :
Après la cérémonie et le défilé des membres des deux familles royales, c'est au tour des « dama di Corte » de traverser la place. Ces fort nombreuses dames, attachées à la cour d'Italie, portent la tenue réglementaire, diadème et longs voiles de dentelle blanche.

1918 - 1939 • Le Roi et les royalistes

1918 - 1939 • Le Roi et les royalistes

MARIAGE D'ANNE DE FRANCE ET D'AMÉDÉE DE SAVOIE.
Dans un carrosse de cour, la mère de la mariée, la duchesse de Guise, et le père du marié, le vieux duc d'Aoste, Emmanuel Philibert, vont pénétrer sous le porche du palais royal.

LE DUC ET LA DUCHESSE DES POUILLES AU CARROUSEL HISTORIQUE DE TURIN (1928).
La monarchie italienne voulut illustrer les nombreux exploits de la dynastie des Savoie. Il y eut à Turin, devant d'innombrables spectateurs, une minutieuse reconstitution ; les membres de la famille royale y figurèrent plusieurs de leurs ancêtres. La première alliance, au XVIIe siècle, entre la Maison de France et la Maison de Savoie fut illustrée par les héros de la seconde alliance, c'est-à-dire qu'Anne de France représenta sa lointaine ancêtre Christine de Bourbon, dite Madame Chrétienne, qui épousa Victor-Amédée, premier duc de Savoie, représenté par son descendant Amédée de Savoie, duc des Pouilles.

1918 - 1939 • Le Roi et les royalistes

MARIAGE DE FRANÇOISE DE FRANCE ET DU PRINCE CHRISTOPHE DE GRÈCE. Le 11 février 1929, le jour même de la signature des accords du Latran, la seconde fille du duc de Guise épousait le fils cadet du roi Georges Ier de Grèce et de la grande-duchesse Olga de Russie. Ce polyglotte cultivé, musicien de grand talent, ce charmeur spirituel suivit les nombreuses vicissitudes de sa famille à travers pas mal d'aventures et de dangers.
En haut, la mariée entre au bras de son père dans la chapelle Palatine.
En bas, elle en sort au bras de son mari.

1918 - 1939 • Le Roi et les royalistes

HENRI DE FRANCE ET ISABELLE
D'ORLÉANS-BRAGANCE FIANCÉS.
Ça y est. Ils se sont vus, ils se sont regardés, ils se sont aimés. Il s'est déclaré, elle a accepté. En fait, la future comtesse de Paris était amoureuse de son cousin depuis qu'elle avait douze ans. Leurs fiançailles comblèrent leur deux familles.

ISABELLE D'ORLÉANS-BRAGANCE
SUR LA PLAGE DU TRÉPORT.
La future comtesse de Paris, Isabelle d'Orléans-Bragance, portant lunettes noires, joue au ballon sur la plage du Tréport. Avec ses frères et cousins, elle y est venue du château d'Eu voisin, propriété de ses parents, où elle passe ses vacances.

138

1918 - 1939 • Le Roi et les royalistes

Henri de France
et Isabelle d'Orléans-Bragance
fiancés.

L'amour entre eux grandit chaque jour et leur donne des ailes. Ne vont-ils pas jusqu'à s'embrasser sans souci de l'objectif, ce qui pour l'époque constituait une belle audace!

1918 - 1939 • Le Roi et les royalistes

MARIAGE DU COMTE
ET DE LA COMTESSE DE PARIS,
LE DUC ET LA DUCHESSE DE GUISE
À PALERME (1931).
Après la cérémonie religieuse, une immense réception eut lieu dans les vastes jardins du palais d'Orléans. Le prétendant au trône de France, la poitrine barrée de l'ordre danois de l'Éléphant, rencontre ses partisans, accompagné de sa femme, la duchesse de Guise, qui s'avance vers eux avec aux lèvres ce sourire irrésistible capable de conquérir tout le monde. Entre eux, leur seconde fille, Françoise de France, princesse Christophe de Grèce.

MARIAGE DU COMTE
ET DE LA COMTESSE DE PARIS.
Ci-contre : Isabelle d'Orléans-Bragance au bras de son père le prince Pierre, vient de sortir du palais des anciens rois normands de Sicile. Quatre gentilshommes attachés au chef de la Maison de France les précèdent : à droite, le duc de Lorge, à gauche, le comte de Baritault. Derrière la mariée, le marié au bras de sa mère, la duchesse de Guise.

En bas, à gauche :
Le cortège se déroule dans les rues de Palerme bondées de spectateurs. Le duc de Guise a pour « bras » sa belle-

sœur, la reine Amélie de Portugal. Derrière, le prince Carlos de Bourbon, fils de l'infante Louise et représentant le roi d'Espagne, au bras de la mère de la mariée, la princesse Pierre d'Orléans-Bragance. Puis, l'ambassadeur d'Angleterre au bras de l'infante Louise. Derrière, l'ambassadeur de Belgique au bras de Françoise de France, princesse Christophe de Grèce, en robe de lamé argent et toque verte.

En bas, à droite :
La princesse Marie de Grèce au bras du prince Pierre d'Orléans-Bragance. La princesse René de Bourbon-Parme, née Marguerite de Danemark, fille de Marie d'Orléans, au bras du prince Paul, futur roi Paul Ier de Grèce. La princesse Isabelle de France, comtesse d'Harcourt, au bras d'Amédée de Savoie, duc des Pouilles. La princesse Dolores de Bourbon et d'Orléans au bras du duc de Spolète.

1918 - 1939 • Le Roi et les royalistes

1918 - 1939 • Le Roi et les royalistes

Page de gauche :

LE COMTE ET LA COMTESSE DE PARIS, JEUNES MARIÉS, SALUANT DU BALCON DU PALAIS D'ORLÉANS.

Des milliers de monarchistes sont venus de France assister au mariage de l'héritier de leur « roi ». Celui-ci apparaît avec sa jeune épouse au balcon de la demeure familiale, possession des Orléans de par le mariage de Louis-Philippe avec Marie-Amélie de Bourbon-Siciles.

LE COMTE ET LA COMTESSE DE PARIS APRÈS LEUR MARIAGE.

Ils sont mariés, ils peuvent s'éclipser. Lui a retiré sa veste et retroussé ses manches, elle fait sa révérence avant de se retrouver enfin seuls.

1918 - 1939 • Le Roi et les royalistes

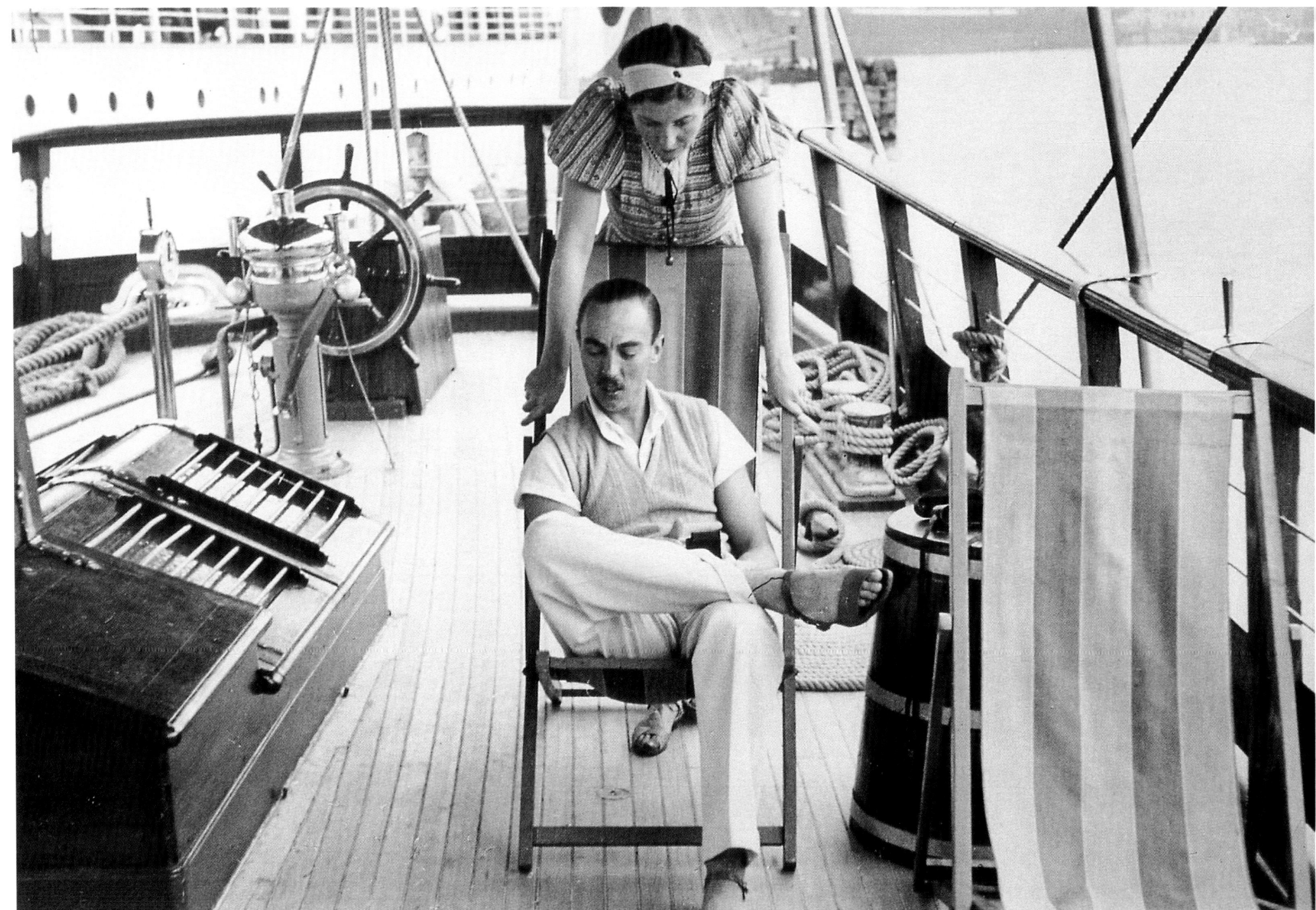

1918 - 1939 • Le Roi et les royalistes

LE COMTE ET LA COMTESSE DE PARIS EN VOYAGE DE NOCES.
Il se met aux commandes d'un monoplan et emmène sa femme. Ils partent pour les cieux ensoleillés d'Espagne, d'Afrique du Nord et d'Italie.
Page de gauche, au cours d'un rallye aérien, ils viennent d'atterrir à Venise et se reposent sur le pont d'un yacht ancré dans la lagune.
En haut, le comte de Paris, armé d'un très long harpon, s'apprête à frapper la proie ; il est photographié par sa jeune épouse.

A droite, leur périple d'amoureux les a menés dans quelque port de la Méditerranée.
La comtesse de Paris achève de boutonner son bonnet de bain, tendrement surveillée par son mari.

1918 - 1939 • Le Roi et les royalistes

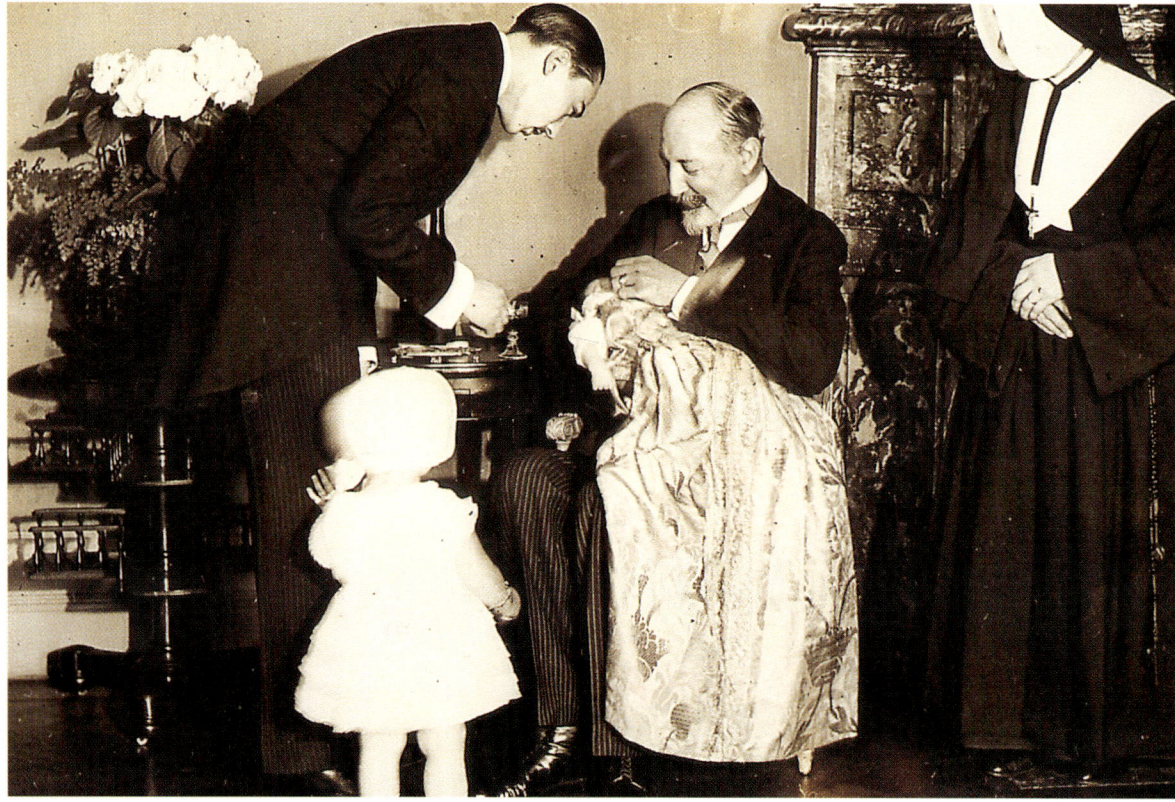

LE BAPTÊME DE LA PRINCESSE
HÉLÈNE DE FRANCE (1934).

Le comte et la comtesse de Paris ont demandé à la reine Astrid de Belgique d'être la marraine de leur quatrième enfant. Sur le perron du Manoir d'Anjou, s'apprêtant à être bombardés par les photos-reporters, *de gauche à droite*, la princesse Pierre d'Orléans-Bragance, mère de la comtesse de Paris, tenant par la main la petite princesse Isabelle. La reine Astrid tenant la nouvelle-née, le roi Léopold III, le comte de Paris.

BAPTÊME DU PRINCE
HENRI DE FRANCE
AU MANOIR D'ANJOU, 1933.

Le comte et la comtesse de Paris ont commencé la longue série de leurs enfants. Le premier garçon sera l'héritier. Il est solennellement baptisé au Manoir d'Anjou et, selon la tradition instaurée au baptême d'Henri IV, son grand-père le duc de Guise humecte ses lèvres avec du vin de Jurançon. Son père, le comte de Paris, tenant sa fille aînée Isabelle, se penche sur le nouveau-né.

1918 - 1939 • Le Roi et les royalistes

LA DUCHESSE DE GUISE
ET LA COMTESSE DE PARIS
LORS D'UNE TOURNÉE DE PROVINCE.
La femme du Prétendant a emmené sa belle-fille pour visiter le nord de la France. Pourquoi la duchesse de Guise a-t-elle ce geste gracieux pour réclamer le silence ? Peut-être l'enthousiasme de ses partisans se manifeste-t-il trop bruyamment et risque-t-il d'inquiéter la République ?

ISABELLE DE FRANCE,
DUCHESSE DE GUISE.
Le Prétendant étant interdit de séjour en France, sa femme organise à sa place des visites à Paris et en province. Elle y reçoit les notables, les monarchistes et tous ceux qui veulent l'approcher. Sa beauté, son charme, sa noblesse, son élégance laissent derrière elle un sillage de fervents. L'agitation suscitée par son passage irrite les autorités républicaines, ce qui n'est pas pour lui déplaire.

147

1918 - 1939 • Le Roi et les royalistes

Page de droite :
LE COMTE DE PARIS
DANS SON BUREAU AU MANOIR D'ANJOU
Le duc de Guise, ne se sentant pas vraiment fait pour la politique, laisse de plus en plus les initiatives à son fils. Celui-ci pose devant une carte de cette France, où il n'a pas droit de mettre les pieds et qui l'obsède nuit et jour.

LE DUC DE GUISE
DANS SA BIBLIOTHÈQUE
DU MANOIR D'ANJOU.
C'était sa pièce préférée ; il s'y retirait pour lire, rédiger ses fiches sur l'armée révolutionnaire, fumer dans le calme. Il détestait en sortir pour recevoir politiciens et délégations, car c'était au fond un grand timide.

LE COMTE DE PARIS
ET CHARLES MAURRAS SUR LE PONT
DU « CAMPANA ».
Rares sont les photos qui réunissent les deux hommes. En effet, dès le début de son activité politique, le comte de Paris commence à prendre ses distances vis-à-vis du chef de l'Action française, et le différend n'ira qu'en s'accentuant.

1918 - 1939 • Le Roi et les royalistes

LE DUC DE GUISE ENTRE
LA COMTESSE BRUNO D'HARCOURT
ET LA DUCHESSE DES POUILLES.
Le Prétendant, bien que n'éprouvant pas pour le Maroc la passion qui y attirait chaque année sa femme, revenait occasionnellement à Larache. Pour une fois, cet homme si formel a retiré sa veste, probablement à cause du chergui, ce vent brûlant marocain, et pose entre ses deux filles en tenue d'équitation.

LES QUATRE ENFANTS
DU DUC DE GUISE
Ils sont exceptionnellement réunis chez leurs parents au Manoir d'Anjou et ils posent par rang de taille : Anne, duchesse des Pouilles, Françoise, princesse Christophe de Grèce, Isabelle, comtesse d'Harcourt, Henri, comte de Paris.

Page de droite :
LE COMTE DE PARIS ET LES SIENS
EN VOITURE
Le fils du Prétendant a emmené sa famille en voiture découverte. Il a placé à côté de lui sa femme, la comtesse de Paris, puis sa mère, la duchesse de Guise. Derrière, chapeau sur la tête, son père le duc de Guise avec sa belle-sœur la reine Amélie de Portugal qui s'est prudemment munie d'une ombrelle, sans doute peu pratique quand le comte de Paris conduisait vite.

1918 - 1939 • Le Roi et les royalistes

1918 - 1939 • Le Roi et les royalistes

LA COMTESSE DE PARIS FAISANT DU PATIN À GLACE ET LE COMTE DE PARIS EN SÉANCE DE GYMNASTIQUE.
Lui et elle se montraient des sportifs accomplis et le restent jusqu'à quatre-vingts ans passés, remplissant d'admiration, par leur énergie et leur entrain intacts, leur famille et leur entourage, et parfois... les épuisant.

1918 - 1939 • Le Roi et les royalistes

LE DUC DE GUISE, LE COMTE DE PARIS ET LA PRINCESSE ISABELLE DE FRANCE À AGIMONT.
Le père est venu du Manoir d'Anjou, près de Bruxelles, où il réside pour voir son fils au château d'Agimont *(ci-dessous)*, situé tout à côté de la frontière française ; il s'y est installé avec sa famille qui ne cesse de s'étoffer.

1918 - 1939 • Le Roi et les royalistes

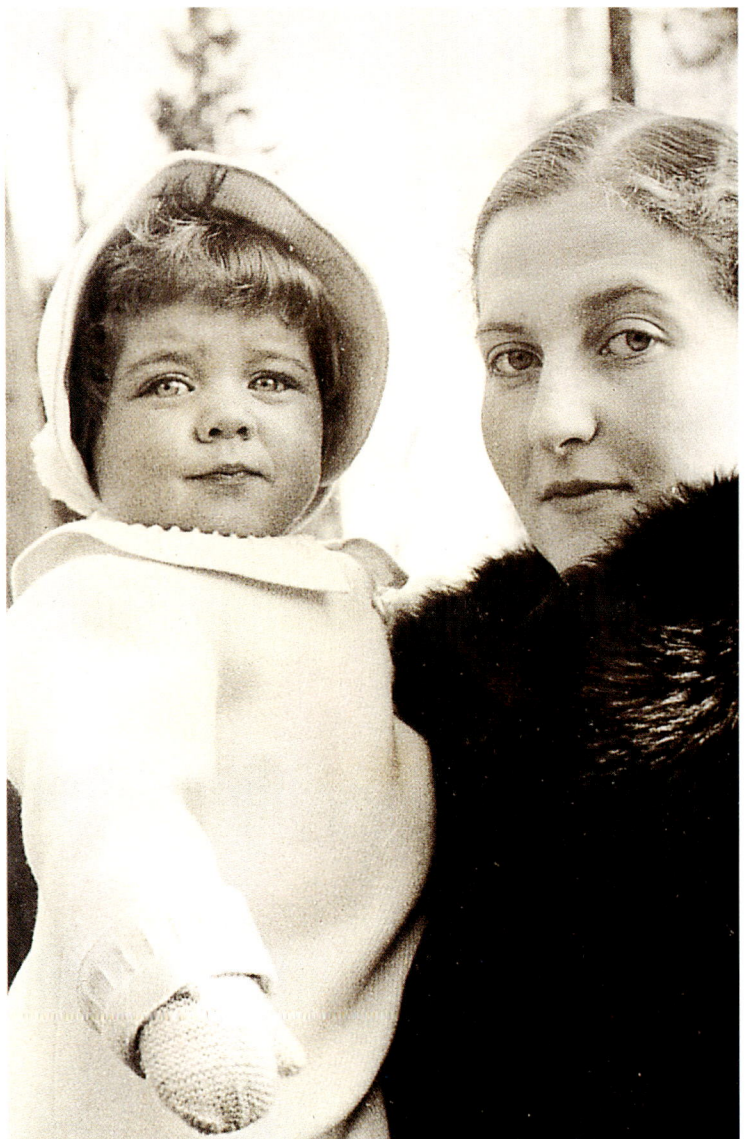

LA COMTESSE DE PARIS TENANT
LA PRINCESSE HÉLÈNE DE FRANCE.
Née en Belgique, filleule de la Reine
des Belges, la princesse Hélène devait,
en 1957, épouser un membre de la
haute aristocratie belge.
Devenue peintre de talent, elle réside
toujours dans son pays natal.

LE PRINCE FRANÇOIS DE FRANCE
(1935-1960).
Cet enfant qui pose en chapeau
melon devant une Peugeot devait
mourir pour la France, à vingt-cinq
ans, tué pendant la guerre d'Algérie.

Page de droite :
LE PRINCE HENRI DE FRANCE
EN CONVALESCENCE.
Tout jeune, il fut atteint d'une gravissime maladie qui mit ses jours en danger. Bien qu'il soit déjà entré en convalescence, cette photo montre les traits de l'enfant creusés par l'épreuve.

154

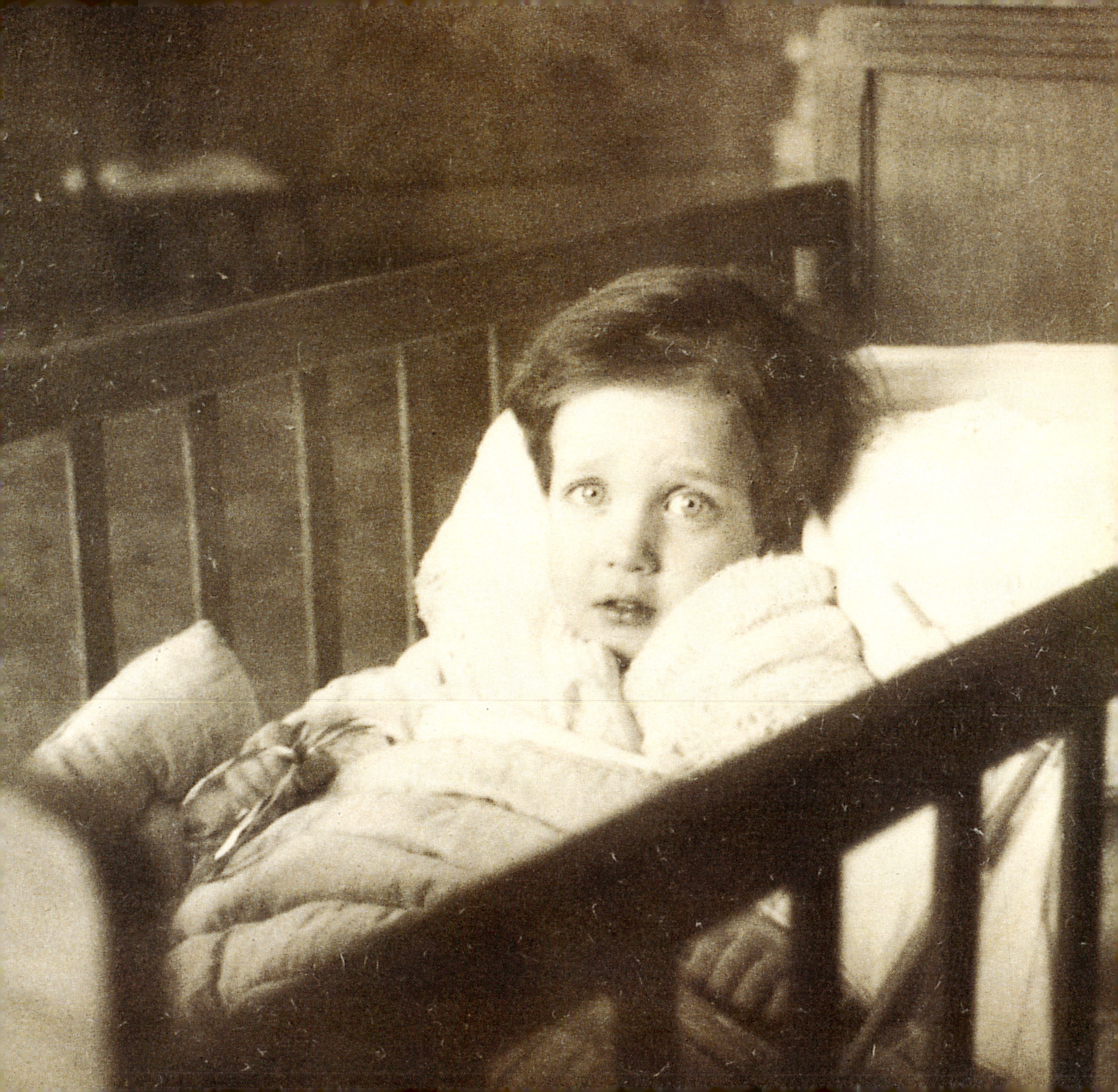

1918 - 1939 • Le Roi et les royalistes

LE DUC ET LA DUCHESSE DE GUISE AVEC LE COMTE DE PARIS.
AU VATICAN
Les relations entre la maison de France et le Saint-Siège étaient plutôt fraîches, la température ayant encore baissé à cause de l'excommunication lancée contre l'Action française, le parti monarchiste. Cependant, dans une volonté d'apaisement, les princes français sont allés rendre visite à Pie XI.

Page de droite :
LA COMTESSE DE PARIS À PARIS.
Comme sa belle-mère la duchesse de Guise, la comtesse de Paris était autorisée à venir en France. Fort élégamment vêtue d'un tailleur à la dernière mode, une écharpe de renard drapée sur ses épaules, elle traverse aux clous pendant qu'un agent arrête la circulation pour la laisser passer.

156

1918 - 1939 • Le Roi et les royalistes

ISABELLE DE FRANCE,
COMTESSE BRUNO D'HARCOURT.
Un accident de voiture au Maroc a tué son mari en 1930, faisant quatre orphelins : Isabelle, Gilone, Monique et Bernard, avec qui elle pose *(en haut)*. Elle se remaria en 1934 au prince Pierre Murat *(à gauche)*, arrière-petit-neveu de Napoléon. C'était la première union entre les deux dynasties si longtemps rivales, et ce mariage ne fut pas sans créer quelques remous de part et d'autre.

Page de droite :
FRANÇOISE DE FRANCE,
PRINCESSE CHRISTOPHE DE GRÈCE,
PHOTOGRAPHIÉE EN 1933
PAR HOYNINGEN HUENE.
Après leur mariage, le prince et la princesse Christophe de Grèce s'installèrent à Rome. Cette photo prise dans le jardin de leur villa parut à l'époque dans le magazine *Vogue*.

1918 - 1939 • Le Roi et les royalistes

LE DUC ET LA DUCHESSE DES POUILLES
À BICYCLETTE

Ils sont tous les deux jeunes, beaux et sportifs. Amédée de Savoie n'a pas hésité à emprunter une bicyclette, beaucoup trop petite pour lui, pour faire une course avec sa femme sur la terrasse du château de Miramare.

CHÂTEAU DE MIRAMARE,
PRES DE TRIESTE.

Le roi d'Italie a mis à la disposition d'Amédée de Savoie-Aoste et de sa femme Anne de France ce château qui jusqu'alors avait porté malheur à tous ses propriétaires. Il fut édifié par l'empereur Maximilien du Mexique, qui fut exécuté, et par sa femme Charlotte de Belgique, qui mourut folle. Il passa à l'archiduc héritier Rodolphe d'Autriche, mystérieusement mort à Mayerling, et enfin à la mère de ce dernier, l'impératrice Elisabeth, «Sissi», qui devait finir assassinée.

BAPTÊME DE LA PRINCESSE
MARGUERITE DE SAVOIE-AOSTE
(1930).

La première née du duc et de la duchesse des Pouilles est baptisée solennellement au palais de Capodimonte près de Naples, résidence de sa grand-mère paternelle Hélène de France, duchesse d'Aoste. Sur la photo, la duchesse des Pouilles se tient au premier plan avec sa sœur la princesse Christophe de Grèce. Derrière elle, le duc de Bergame. Devant elle, le prince Christophe de Grèce s'incline pour baiser la main de la reine d'Italie, Hélène de Monténégro. *A l'extrême droite*, le duc d'Aoste Emmanuel Philibert.

MARIAGE D'AYMON DE SAVOIE,
DUC DE SPOLÈTE (JUILLET 1939)

Le second fils d'Hélène de France, duchesse d'Aoste, décida enfin de se marier. A la veille de la Deuxième Guerre mondiale, il épousa en grande pompe à Florence la princesse Irène de Grèce. Il l'attend sur le parvis du Duomo aux côtés de sa mère.

1918 - 1939 • Le Roi et les royalistes

LE COMTE DE PARIS, LA PRINCESSE MARIE BONAPARTE ET LE PRINCE PIERRE DE GRÈCE. En 1936, la monarchie fut restaurée en Grèce. A cette occasion, on ramena les corps de la reine Olga, du roi Constantin, de la reine Sophie, morts en exil. Le comte de Paris assista à ces cérémonies. Il en profita pour faire du tourisme. Sa compatriote, Marie Bonaparte, la célèbre psychanalyste mariée au prince Georges de Grèce, emmènera le visiteur, avec son fils Pierre, d'abord au Parthénon *(en haut)*, puis à Delphes *(à gauche)*, dont elle lui fit visiter le site bien mieux que n'importe quel guide. Au temple d'Apollon, elle se mit à réciter des poèmes de Valéry.

Page de droite :
LE COMTE ET LA COMTESSE DE PARIS À CHEVAL EN FORÊT DE SOIGNIES, PRÈS DE BRUXELLES.

1918 - 1939 • Le Roi et les royalistes

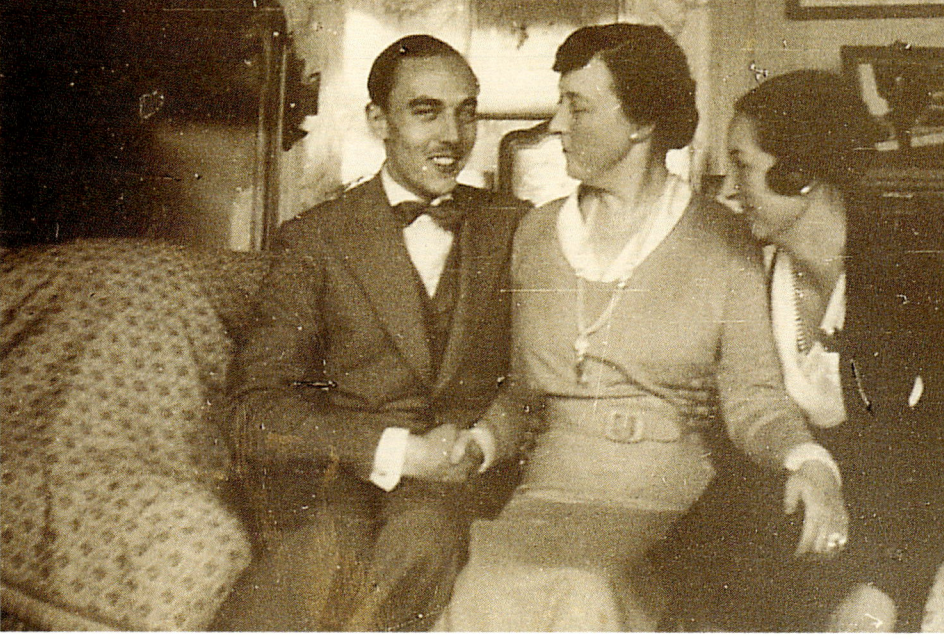

Manoir d'Anjou : dans l'intimité de la famille royale
Ci-dessus : La duchesse de Guise s'est retirée dans une chambre avec ses enfants, le comte de Paris et la princesse Christophe de Grèce, pour bavarder en paix. Puis *(à gauche)* les trois princesses se sont enfermées dans un dressing-room pour se remaquiller... et se moquer un peu du photograhe avant quelque réception.

Page de droite :
Mariage de la princesse Dolorès de Bourbon y Orléans avec le prince Czartoryski, en 1937 à Ouchy.
Elle est la fille de Louise de France et de l'infant Carlos, lui descend de Marguerite d'Orléans, fille du duc de Nemours. *A gauche* du marié, barbichette et canne à la main, le tsar Ferdinand de Bulgarie, fils de Clémentine d'Orléans. A côté de lui, la reine Amélie de Portugal, puis Alphonse XIII et la reine Victoria Eugenia d'Espagne. *A droite* de la mariée, ses parents, l'infant Carlos et l'infante Louise, et au bout de la rangée, portant un grand chapeau, la comtesse de Paris. Le comte de Paris, lui, se tient debout derrière la reine Amélie de Portugal. *Au troisième rang* derrière l'infant Carlos, on distingue debout le comte de Barcelone, père de l'actuel roi d'Espagne.

1918 - 1939 • Le Roi et les royalistes

CHAPITRE 9

1939 - 1950

Le comte de Paris aventures et retour au pays

La Seconde Guerre mondiale ne prit pas le comte de Paris par surprise, il la prédisait depuis des années. Pour une fois, la République ne refusa pas aux Orléans de servir. Le président du Conseil Paul Reynaud autorisa le fils du Prétendant à s'engager, mais uniquement dans la Légion étrangère et à la condition expresse de ne pas révéler sa véritable identité. Il n'eut qu'à ressortir du tiroir le pseudonyme déjà utilisé par son père lors de la Première Guerre mondiale. Le légionnaire Henri Orliac vécut comme tant de simples soldats cette période, tragique dans sa signification, pathétique dans son quotidien, mais non dénuée d'incidents grotesques – reconnu ici dans les circonstances les plus inattendues, manquant là d'être rattrapé par les avant-gardes allemandes. L'armistice le mit au chômage. Fin août 1940, il venait d'être démobilisé à Marseille lorsqu'il apprit qu'à Larache son père, le duc de Guise, venait de mourir. Il put arriver à temps au Maroc pour mener le deuil en tant que nouveau chef de la Maison de France.

La guerre avait forcé le duc et la duchesse de Guise à se réfugier dans cette maison de leur jeunesse, où la duchesse

LE COMTE DE PARIS PENDANT LA DEUXIÈME GUERRE MONDIALE
Exilé, il ne put se faire engager dans l'armée française, mais la Légion étrangère l'accepta sous le nom d'emprunt déjà porté par son père. Henri Orliac ne put qu'assister à la débâcle de la France.

continuait à séjourner chaque année. Un anthrax au cou avait rapidement mis les jours du duc en danger. En fait, savoir son pays vaincu, envahi et occupé l'avait tué. La mort l'avait pris le jour anniversaire de celle de Saint Louis, son ancêtre. Le comte de Paris fit revenir du Brésil son épouse et ses enfants, dont le nombre s'élevait déjà à six. Ses deux sœurs aînées, les princesses Isabelle et Françoise, elles aussi chassées par la guerre, n'eurent d'autre solution que de se réfugier à Larache avec leurs enfants, et la maison devint une véritable arche de Noé, où il n'y avait plus un recoin de libre. L'on s'organisa comme on pouvait. Les adultes suivant anxieusement la situation tâchaient de capter la BBC. Ils s'étaient partagé les cours à donner aux enfants, et la duchesse de Guise présidait une commission d'examen de ses petits-enfants. La salle à manger, malgré son ampleur, ne pouvait contenir tout le monde, aussi fallut-il organiser plusieurs services. A celui des adultes se joignait presque quotidiennement un vieillard choyé autant que taquiné... De l'expédition du Mexique, le maréchal Bazaine avait ramené un fils qu'il avait eu de son épouse mexicaine. Déchu de sa natio-

1939 - 1952 • Le comte de Paris, aventures et retour au pays

LE COMTE DE PARIS PENDANT
LA DEUXIÈME GUERRE MONDIALE.
La Légion permit au comte de Paris
de faire des rencontres inattendues,
ainsi avec cet officier et ces deux
jeunes filles en blanc. Il avait sympathisé avec leurs maris, les frères
Djakeli, Géorgiens d'origine et neveux
authentiques de Staline.

nalité lors de la condamnation de son père, ce fils s'engagea dans l'armée espagnole. Les hasards de l'existence le firent aboutir à Larache. Il y retrouva le duc et la duchesse de Guise, neveux du duc d'Aumale qui avait condamné son père. La plus étroite amitié lia ces expatriés. Le fils de Bazaine, surnommé Babaze par la duchesse de Guise, combinait originalité et désinvolture. N'ayant pas de chauffage central, il allumait son poêle avec les lettres de Napoléon III, de Maximilien, de Charlotte, d'Isabelle II. Il faisait toujours une entrée remarquée dans la salle à manger de la duchesse de Guise, suivi de ses sept crapauds apprivoisés qui sautillaient derrière lui. Bien sûr on ne manquait de rien, mais le luxe était totalement absent et souvent le confort aussi. Les menus à base de pois chiches et de merlan frit quotidiennement servis n'avaient rien de gastronomique. Et puis il y avait l'incertitude de l'avenir, l'angoisse pour la patrie occupée, pour les parents dont on n'avait aucune nouvelle. Et pourtant, pas un instant ces Orléans, tout au long de ces années terribles, ne perdirent leur bonne humeur. Génération après génération, ils avaient été élevés spartiatement, aussi gardaient-ils cette faculté prodigieuse de s'adapter à n'importe quelles circonstances. Mangeant n'importe quoi, dormant n'importe où, ils se contentaient de peu. Simples, sans façons, en rien gâtés, ils contredisaient l'idée que les naïfs se font des princes et ne s'ennuyaient jamais.

A la fin de cette année 1942, le comte de Paris se trouvait au Maroc lorsqu'un groupe de personnalités l'invita à venir à Alger où régnait la plus grande confusion. L'amiral Darlan représentant le gouvernement de Vichy gouvernait cette partie intégrante de la France, mais les Alliés débarqués en Afrique du Nord y faisaient sentir tout leur poids. S'y dépensaient aussi les partisans du général de Gaulle dont la voix se faisait entendre de plus en plus fort. Plus personne ne savait à quel saint se vouer. Le comte de Paris accepta de venir à Alger non pour rétablir la monarchie, mais dans l'idée de rassembler les Français dispersés, avant de les laisser décider du régime qu'ils se donneraient.

1939 - 1952 • Le comte de Paris, aventures et retour au pays

A son arrivée, il fut mis au courant du plan prévu : les notables se présenteraient à l'amiral Darlan et exigeraient son départ volontaire. Le comte de Paris serait alors porté à la tête d'un gouvernement provisoire. Premier ennui : l'amiral Darlan ne manifestait pas la moindre envie de quitter son poste. Il faudrait agir par la force. Le comte de Paris y répugnait par nature comme par tradition et, de toute façon, il fallait l'accord préalable des Américains, tout-puissants en Algérie. Leur commandant en chef, le général Eisenhower, totalement ignorant des réalités françaises et représenté par le trouble Murphy, fit répondre qu'il n'était pas question de tenter quoi que ce soit contre Darlan.

Arrive de Londres un émissaire du général de Gaulle, le général d'Astier de la Vigerie. Il tâche de convaincre Darlan de se retirer et trouve un roc décidé à ne pas bouger. Impasse totale. Le 24 décembre 1942, un jeune homme se présente au palais d'Eté et demande à être reçu par l'amiral Darlan. Alors qu'on le fait attendre dans un salon, l'amiral traverse la pièce. Le jeune homme se lève et l'abat d'un coup de revolver. L'assassin se nomme Bonnier de la Chapelle, il est royaliste. D'avance, il a été absous de son crime par son confesseur l'abbé Cordier, ancien curé du Nouvion-en-Thiérache – propriété des Orléans – et membre fort actif du groupe qui appela le comte de Paris à Alger et qui l'entoure. De là à soupçonner le comte de Paris d'avoir fait assassiner l'amiral Darlan, il n'y a qu'un pas. Entre-temps, puisqu'il y a vacance de pouvoir, le nom du Prétendant revient sur le tapis. Les Américains, de nouveau consultés en la personne de Murphy, leur bien intrigant consul, une fois de plus refusent, car ils ont dans leur manche leur propre carte, le général Giraud. Restés jusqu'au dernier moment partisans du régime de Vichy, les Américains choisissent, pour assumer le pouvoir, ce vichyste bon teint qui, de plus, peut barrer la route au général de Gaulle, leur bête noire. Effectivement, le général Giraud surgit à Alger comme le diable de sa boîte. Son premier soin est de faire juger et condamner

LE COMTE DE PARIS PENDANT LA DEUXIÈME GUERRE MONDIALE. Court fut son séjour dans l'armée, mais semé d'aventures tantôt émouvantes, tantôt pittoresques. Ce vieillard, qui l'a probablement reconnu, lui serre la main avec effusion.

1939 - 1952 • Le comte de Paris, aventures et retour au pays

LE CERCUEIL DU DUC DE GUISE DANS LE VESTIBULE DE SA MAISON DE LARACHE.
Le 25 août 1940, jour anniversaire de la mort de son ancêtre Saint Louis, le duc de Guise décéda au Maroc, officiellement d'un anthrax au cou, en vérité du chagrin causé par l'écrasement de son pays.
Les religieuses de l'hôpital, les autorités civiles marocaines – le pacha de la ville en tête – le clergé sont venus veiller sur sa dépouille.

hâtivement Bonnier de la Chapelle, assassin de Darlan. Le comte de Paris intercède en faveur du jeune homme. Peine perdue : celui-ci sera exécuté avant de pouvoir parler. Le comte de Paris tâche alors de faire comprendre à Giraud qu'en assumant le pouvoir, il ne fera qu'accentuer la division des Français. En vain. « Sachez, jeune homme, que votre place n'est pas ici », lui dit Giraud d'entrée en matière. « Quel c...! » commenta le comte de Paris à la sortie de l'entrevue.

Il resta encore quelque temps à Alger, menacé d'expulsion ou, mieux, d'emprisonnement. Le grand moment était cependant passé. Bientôt de Gaulle en personne paraîtra en Afrique du Nord pour se jouer des intrigues américaines et éliminer Giraud. Au début de janvier 1943, le comte de Paris, épuisé et fiévreux, retrouva l'asile de Larache. Le paludisme le mit à deux doigts de la mort. Il resta longtemps si gravement malade que son épouse se demanda s'il n'avait pas été victime d'un empoisonnement.

La guerre mettait sens dessus dessous les Orléans comme les familles de tous les pays, de tous les rangs. La troisième sœur du comte de Paris, la princesse Anne devenue italienne par son mariage avec le duc d'Aoste, s'était retrouvée dans le camp adverse. Mussolini inquiet de la popularité de ce cousin du roi d'Italie, l'avait nommé vice-roi d'une Abyssinie brutalisée par le colonialisme fasciste, escomptant qu'il se briserait dans cette mission impossible. Secondé par sa femme, le duc d'Aoste se dépensa infatigablement pour ce pays endolori. En 1943, l'Ethiopie se trouva attaquée par les Anglais à partir du Kenya, et le duc d'Aoste se défendit en héros. Fait prisonnier, il mourut en camp d'internement, universellement respecté et admiré par ses compatriotes autant que par les ennemis de l'Italie. Bien plus tard, le négus, qui avait pourtant été chassé par les Italiens, ayant récupéré son trône, devait lui rendre ainsi qu'à la duchesse Anne un solennel hommage. Cette dernière était rentrée en Italie pour se voir arrêtée par les nazis lors de la rupture avec l'Allemagne. Ses deux filles encore enfants et elle furent internées dans une forteresse d'où elles n'échappèrent que par miracle à l'ordre d'exécution envoyé de Berlin.

Exilés depuis la chute de l'empereur Pedro II, au siècle précédent, les Orléans du Brésil avaient été autorisés à revenir dans leur patrie en 1922. Le comte d'Eu était mort sur le navire même qui le ramenait au Brésil, quelques jours avant de revoir ses rivages. Ses descendants qui s'y fixèrent échappèrent ainsi aux horreurs de la guerre.

Ce fut tout le contraire pour leurs cousins polonais. Ils descendaient de la fille du duc de Nemours, la princesse Marguerite d'Orléans, qui avait épousé le chef de la première maison de Pologne, le prince Czartoryski. Les Orléans des autres branches qui n'avaient que vaguement cousiné avec ces nombreux princes et comtes slaves, les virent dans les années 40 déferler à l'Ouest, ayant pratiquement tout perdu. Ceux qui demeurèrent coincés entre les nazis et les communistes furent de surcroît privés de leur liberté. Leur situation ne devait se renverser qu'à la chute de l'Empire soviétique. Récemment, l'actuel prince Czartoryski, Adam, descendant de Marguerite d'Orléans et petit-fils de Louise de France, a obtenu des autorités polonaises la restitution du palais de ses ancêtres à Cracovie, ainsi que les fabuleuses collections qu'il contient.

Les Orléans espagnols, eux, pansaient leurs blessures dans leur pays où la victoire du franquisme avait ramené la paix et que la ruse du Caudillo protégeait de la guerre.

En France même, Maurras prisonnier de son entêtement aberrant, avait, malgré son indéniable patriotisme, accueilli à bras ouverts les Allemands, ce qui lui vaudra après la guerre d'être condamné à la réclusion.

LA DUCHESSE DE GUISE, LA PRINCESSE CHRISTOPHE DE GRÈCE ET LINA MARCHAND
Munie de son ombrelle, la duchesse de Guise est allée avec sa fille et l'amie qui lui sert de dame d'honneur se promener aux environs de Larache, près de Loukos. La légende affirme que le fleuve sinueux symbolise le dragon défendant le Jardin des Hespérides, qui aurait été localisé à Larache, les pommes d'or n'étant en réalité que des oranges.

1939 - 1952 • Le comte de Paris, aventures et retour au pays

De l'autre côté, la parenté Orléans payait le prix du sang. Amélie de Mac-Mahon, fille de Marguerite d'Orléans et du duc de Magenta, avait épousé le comte de Rambuteau. Tous deux, aidés de leurs enfants encore adolescents, participèrent activement à la résistance. Ils furent arrêtés par la Gestapo et envoyés en camp de concentration. Le comte de Rambuteau y mourut de sévices. Ses fils parvinrent à en réchapper et la comtesse de Rambuteau survécut à plusieurs hivers à Ravensbruck.

La guerre approchait de sa fin lorsqu'une mauvaise nouvelle tomba sur les Orléans réfugiés au Maroc. La duchesse de Guise annonça à sa descendance qu'elle n'avait plus un sou pour les nourrir. Une fois de plus, cette dynastie errante dut se disperser. Le comte et la comtesse de Paris se rendirent à Pampelune, à la recherche d'un nouvel asile. Ils s'apprêtaient à y recueillir leurs enfants laissés au Maroc lorsque les Alliés, probablement agacés de l'attitude du comte de Paris à Alger, refusèrent de laisser les petits princes et princesses franchir le détroit de Gibraltar. La princesse Françoise, sœur du comte de Paris, courut chez les consuls anglais et américains de Tanger : « Si vous voulez vraiment embêter le comte de Paris, envoyez-lui donc ses enfants », leur déclara-t-elle. Ce que les diplomates hilares s'empressèrent de faire. Là-dessus, certaines autorités franquistes voulurent empêcher le comte de Paris de s'installer si près de la France, et il fallut faire intervenir des amis fidèles et haut placés. Enfin la Maison de France put se retrouver au complet en Navarre, dont tous devaient garder le meilleur souvenir.

Il ne resta plus à Larache que la duchesse de Guise. Cette fée ne devait pratiquement plus quitter sa lointaine retraite, ces lieux chéris où elle attirait comme un phare ses enfants et petits-enfants. Malgré le souvenir des rudes années de la guerre, tous retrouvaient avec bonheur la grande maison blanche aux murs couverts de bougainvilliers pourpres et le vaste jardin plein de mystère, de désordre et de charme. A la mort de la duchesse de Guise survenue en 1961, Larache et le Maroc perdirent toute signification pour les Orléans.

L'après-guerre vit le Portugal devenir le rendez-vous des royautés exilées ou détrônées. Le roi d'Italie Humbert II, la famille royale espagnole, Carol Ier de Roumanie, plusieurs archiducs d'Autriche avaient trouvé, grâce à la bienveillance du dictateur Salazar, un accueil et une protection dont ils avaient été sevrés. «Les Portugais aiment tous les rois sauf les leurs», se plaignait la reine Amélie toujours en exil. Bientôt son neveu, le comte de Paris, se joignit au lot fortuné. Il vint s'installer avec les siens dans la ravissante Quinta d'Anjinho située non loin de Sintra. Entre-temps, chaque étape de leur périple forcé avait vu un ou plusieurs enfants étoffer la famille, jusqu'au dernier, Thibault, né au Portugal. Lorsque son fils aîné, Henri, atteignit l'adolescence, le Prétendant obtint de la République qu'elle dérogeât à la loi d'exil et autorisât le garçon à poursuivre ses études dans un lycée en France. On en resta là. Si le comte de Paris continuait à multiplier les contacts et les publications, se tenant au courant du moindre événement français, il n'en demeurait pas moins écarté de son pays.

Pourtant, un jour de 1950, un député breton, Huttin Degrès, indigné de cette situation qu'il jugeait injuste et rétrograde, proposa à l'Assemblée d'abolir la loi d'exil. Echaudé par tant d'épreuves et de mauvaises surprises, le comte de Paris restait sceptique. Il avait tort car l'Assemblée vota sans difficulté l'abrogation. «Comment dire l'émotion que j'ai éprouvée en cet instant ? raconta-t-il. Ainsi qu'en 1926, au moment

Page de droite :
ENTERREMENT DU PRINCE CHRISTOPHE DE GRÈCE, ATHÈNES, JANVIER 1940.
Au tout début de la guerre, le mari de Françoise de France mourut, à Athènes, d'une courte maladie. Son beau-frère, le comte de Paris, se rendit dans la capitale grecque pour assister à son enterrement solennel. Derrière le roi Georges II entouré des princes de la famille royale, il défile entre deux haies d'evzones.

1939 - 1952 • Le comte de Paris, aventures et retour au pays

1939 - 1952 • Le comte de Paris, aventures et retour au pays

de l'annonce de l'exil, j'étais frappé de stupeur et d'angoisse. Je n'y croyais pas. La joie me venait par bouffées. Soudain la France allait m'être rendue, révélée, mais quelle France ?... Je ne connaissais mon pays que par ouï-dire, jamais hors du temps de mon enfance je n'avais eu l'occasion, sauf en de courts moments pour la plupart clandestins, de m'entretenir sur place avec des Français et d'observer leurs réactions. Les miens étaient aussi impatients que moi. Si nous l'avions pu, nous serions partis le soir même. L'exil prenait fin ! »

Le comte de Paris attendit pourtant quelques mois avant de mettre le pied sur le sol de sa patrie. En signe de gratitude, son premier déplacement consista à aller saluer le député Huttin Degrès en son fief breton. Une visite du célèbre site de Carnac fut organisée. Une vieille paysanne bretonne regardait sans bouger, sans rien manifester, le cortège évoluer entre les menhirs. Devant son indifférence, le député ne put s'empêcher de lui dire : « Mais savez-vous donc, madame, qui vous avez devant vous ? Le roi de France. – Ben, dites-lui qu'ici il est pas chez lui, qu'il est en Bretagne. »

A Paris, le Prétendant, après s'être empressé d'aller remercier le président de la République Vincent Auriol qui le reçut le plus aimablement du monde, retrouva sa parenté. Ses sœurs l'attendaient impatiemment. Sa préférée, la princesse Françoise, bien que dressée comme tous les siens à ne jamais extérioriser ses émotions, éclata en sanglots, submergée par la joie, en le serrant dans ses bras. C'était ma mère. Je ne l'avais jamais vue pleurer. J'étais enfant alors, et en écrivant ces lignes presque un demi-siècle plus tard, je me sens encore bouleversé.

Avec le retour en France de l'héritier des rois, la boucle était bouclée qui avait été ouverte par le départ en exil de Louis-Philippe cent ans plus tôt. Le comte de Paris voyait s'ouvrir devant lui la possibilité de remplir un vaste rôle politique et d'entretenir sur le terrain la tradition des rois, ses ancêtres, qui avaient régné pendant mille ans. Ainsi tiendrait-il le flambeau avant de le passer à ses successeurs.

LE PRINCE
PIERRE D'ORLÉANS-BRAGANCE
EN AMAZONIE.
Les Orléans-Bragance qui formaient la Maison impériale du Brésil, ayant pu depuis 1922 revenir dans leur patrie, s'y étaient installés et ainsi échappèrent aux horreurs de la Deuxième Guerre mondiale. Le frère aîné de la comtesse de Paris participa plusieurs fois à des explorations en Amazonie.

Page de droite :
LES QUATRE ENFANTS AÎNÉS
DU COMTE ET DE LA COMTESSE DE
PARIS AU BRÉSIL.
Rien d'étonnant à cette abondance de dindes et de dindons que contemplent les petits princes avec un intérêt non simulé. En effet, ce volatile, à l'origine sauvage, est natif du continent américain ; ce furent les Indiens qui en apprirent la consommation aux envahisseurs blancs.

1939 - 1952 • **Le comte de Paris, aventures et retour au pays**

LE COMTE ET LA COMTESSE DE PARIS AVEC LEURS ENFANTS AU BRÉSIL.

Le comte de Paris, sa femme et ses enfants sont allés rejoindre au Brésil la famille de la comtesse de Paris. Ils posent ici au palais de Grao Para à Petropolis.

Derrière, de gauche à droite : le comte de Paris, la princesse Françoise d'Orléans-Bragance, future duchesse de Bragance, la comtesse de Paris, Pierre, Thérèse et Jean d'Orléans-Bragance.

Au premier rang, assis, de gauche à droite : Isabelle de France, le prince Pierre d'Orléans-Bragance père, Henri, François, Hélène et Anne de France assise sur les genoux de sa grand-mère, la princesse Pierre d'Orléans-Bragance.

LE COMTE DE PARIS TIRANT AU REVOLVER.

Le comte de Paris profita de son séjour au Brésil pour faire plusieurs expéditions à l'intérieur du pays. Dans un paysage de marais, il s'exerce au revolver.

1939 - 1952 • Le comte de Paris, aventures et retour au pays

LE DUC D'AOSTE, AMÉDÉE, ET LA DUCHESSE D'AOSTE, ANNE DE FRANCE, À ADDIS-ABEBA. Il est le membre le plus populaire de la famille royale italienne. Pour cette raison, Mussolini l'a désigné pour une mission impossible. Il l'a nommé vice-roi de cette Abyssinie récemment et durement colonisée par les Italiens. Avec sa femme, ils s'attellent courageusement à la tâche et s'en acquitteront si bien qu'ils laisseront un souvenir ému et reconnaissant aux Éthiopiens.

À droite :

HÉLÈNE DE FRANCE, DUCHESSE D'AOSTE. La guerre mondiale a jeté des familles jusqu'alors unies dans des camps opposés. Une princesse française, membre par mariage de la famille royale italienne, se retrouve parmi les ennemis de son pays d'origine. Elle passera la guerre en son palais de Capodimonte, subissant comme le peuple napolitain les pires bombardements.

1939 - 1952 • Le comte de Paris, aventures et retour au pays

LA DUCHESSE DE GUISE À LARACHE,
SUR CLARENCE.

Affectée dès l'enfance d'une maladie au genou, la duchesse de Guise était une des seules femmes au monde à monter en amazone à droite et non pas à gauche. « Don't move, Clarence », a-t-elle écrit sur la photo. « Ne bouge pas, Clarence », dit-elle en s'adressant à son cheval favori, en présence de son groom anglais, Boby.

LE COMTE ET LA COMTESSE DE PARIS,
LA COMTESSE DE RAMBUTEAU,
LORS D'UNE *diffa*.

La duchesse de Guise organisait des repas marocains pour des hôtes de passage, comme sa nièce Amélie de Mac-Mahon, comtesse de Rambuteau. Leurs courageuses activités dans la résistance en France menèrent tous les Rambuteau, parents et enfants, en camp de concentration. Le comte de Rambuteau y mourut de sévices. Sa femme survivra à plusieurs années de détention à Ravensbrück.

Page de droite :

LE COMTE DE PARIS À CHEVAL
SUR LA PLAGE DE LARACHE

Adultes et enfants réfugiés à Larache se rendaient quotidiennement sur la plage, battue par les vagues dangereuses de l'Atlantique. L'équitation restait l'autre principale distraction. Ici le comte de Paris combine les deux.

1939 - 1952 • Le comte de Paris, aventures et retour au pays

La princesse Anne de France sur la plage de Larache. Elle est née au Manoir d'Anjou en 1938, peu avant l'Exode.

Les enfants du comte de Paris sur la terrasse de Larache. Leurs parents les ont habillés en Andalous. *De gauche à droite :* Diane, François, Hélène, Henri, Anne, Isabelle. En 1943, le neuvième enfant du comte et de la comtesse de Paris, la princesse Claude, naquit à Larache dans la grande maison familiale.

Page de droite :
Diane avec Jacques et Michel de France.
Sixième enfant du comte et de la comtesse de Paris, Diane est née en 1940 à Petropolis, pendant le séjour brésilien de la famille, tandis que les jumeaux, Jacques et Michel, naissent en 1941 à Rabat, pendant le séjour marocain.

1939 - 1952 • Le comte de Paris, aventures et retour au pays

1939 - 1952 • Le comte de Paris, aventures et retour au pays

BAPTÊME DES PRINCES JUMEAUX
JACQUES ET MICHEL
EN LA CATHÉDRALE DE RABAT (1941).
Les parrains des jumeaux furent,
selon la volonté du comte de Paris, les
Paysans et Artisans de France, dont
plusieurs délégations assistèrent à la
cérémonie. Ici le comte de Paris donne
le bras à sa mère la duchesse de Guise,
en habit de veuve.

LES PETITS-ENFANTS
DE LA DUCHESSE DE GUISE
À IFRANE
La jeunesse est allée s'initier aux
sports d'hiver dans les contreforts de
l'Atlas, à Ifrane. *De gauche à droite :*
Diane et Anne de France, Michel de
Grèce, François, Hélène, Isabelle,
Henri de France, Monique, Isabelle,
Gilone d'Harcourt.

1939 - 1952 • Le comte de Paris, aventures et retour au pays

PREMIÈRE COMMUNION DE LA PRINCESSE ANNE DE FRANCE. Les enfants du comte et de la comtesse de Paris furent inscrits dans différentes écoles navarraises. Anne fit sa première communion à Pampelune, mêlée à ses camarades de classe ; on l'a tout de même placée au premier rang, devant le prélat accouru pour la circonstance.

1939 - 1952 • Le comte de Paris, aventures et retour au pays

LA COMTESSE DE PARIS
À PAMPELUNE.
A chacune des étapes de son périple imposé par les circonstances d'une époque agitée, la comtesse de Paris accouchait d'un ou de plusieurs enfants. A Pampelune, elle ne faillit pas à la tradition : elle donna naissance, en 1946, à la princesse Chantal. Dix naissances n'ont en rien altéré la beauté de la mère plus radieuse que jamais.

LE COMTE DE PARIS
À LA PREMIÈRE COMMUNION
DU PRINCE MICHEL DE GRÈCE
À MALAGA *(à gauche)*.
Le comte de Paris s'est échappé de Pampelune pour venir à Malaga où s'est installée provisoirement sa sœur, la princesse Christophe de Grèce. Il assiste à la première communion de son neveu, qui eut lieu au couvent des Augustins.

Page de droite :
MARIAGE
DE LA PRINCESSE
ESPERANZA DE BOURBON Y ORLÉANS
AVEC LE PRINCE
PIERRE D'ORLÉANS-BRAGANCE.
Les princesses de la famille ont été placées, selon le protocole, dans le chœur de la cathédrale de Séville. Devant l'autel, l'infant don Carlos, à cheveux blancs, s'est assis à côté de son futur gendre, le prince Pierre d'Orléans-Bragance. Sur le banc de velours, de droite à gauche, l'infante Louise (mère de la mariée), la comtesse de Paris, la duchesse de Guise, la princesse Christophe de Grèce, l'infante Alice de Bourbon.

1939 - 1952 • Le comte de Paris, aventures et retour au pays

1939 - 1952 • Le comte de Paris, aventures et retour au pays

1939 - 1952 • Le comte de Paris, aventures et retour au pays

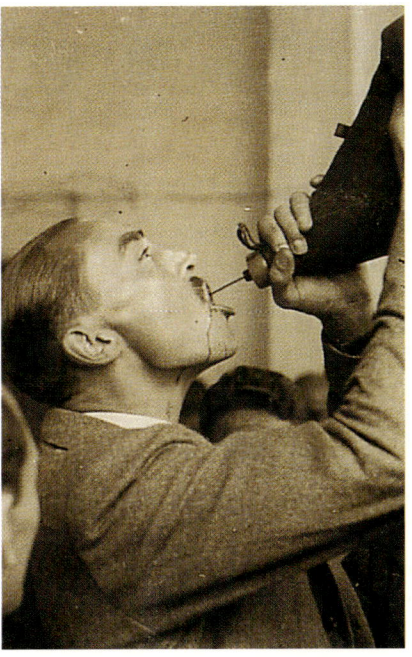

LE COMTE DE PARIS À PAMPELUNE.
Qu'essaie de faire le prétendant au trône de France en sautant d'un balcon à l'autre de cette maison ancienne *(à gauche)* ? Et que dire de sa descente *(à droite)* quand il boit à même la « bora » ?

LA COMTESSE DE PARIS TORÉANT.
Il ne s'agit que d'un jeune taureau. Cependant, il faut un certain courage pour l'affronter. Aucun risque ne fait reculer la comtesse de Paris, que son mari surveille plutôt anxieusement.

Page de gauche :
LE COMTE DE PARIS
À LA CORRIDA DE PAMPELUNE.
Du sang espagnol coulait dans les veines du comte de Paris par sa grand-mère, l'infante Isabelle, première comtesse de Paris. Aussi appréciait-il le jeu de la course de taureaux, inventée par les Crétois minoens deux millénaires avant Jésus-Christ.

1939 - 1952 • Le comte de Paris, aventures et retour au pays

LA QUINTA D'ANJINHO PRÈS DE CINTRA AU PORTUGAL.
Après quelques années en Navarre, le comte de Paris trouva un asile plus confortable au Portugal, où s'étaient regroupés la plupart des monarques détrônés ou exilés d'Europe.
Il acheta cette « quinta » du XVIIIe siècle entourée d'un jardin romantique et de champs opulents.

LE COMTE ET LA COMTESSE DE PARIS À LA QUINTA D'ANJINHO.
La guerre est finie et de nouveau il est permis de sourire à la vie. Le Prétendant porte sa tenue favorite, à demi marocaine, et s'est coiffé d'un turban. La comtesse de Paris a revêtu une élégante tenue de plage, qu'elle a retirée *(à droite)* pour se bronzer au bord de la piscine.

188

1939 - 1952 • Le comte de Paris, aventures et retour au pays

1939 - 1952 • Le comte de Paris, aventures et retour au pays

Le comte de Paris,
plusieurs de ses enfants,
et sa cousine
la comtesse de Rambuteau
sur une plage du Portugal.
Le comte de Paris se repose quelques instants *(en haut)* avant de pousser avec le pêcheur la barque à la mer *(en bas)*. Il a déjà installé dans l'esquif Hélène, Diane et Anne. Derrière lui, Amélie de Mac-Mahon, comtesse de Rambuteau, rescapée de Ravensbrück, dont ce sont les retrouvailles avec ses cousins.

Page de droite :
La comtesse de Paris
à la chasse au Portugal.
Le Tage a débordé, ses eaux ont inondé les rives. La comtesse de Paris a emprunté une barque plate pour aller tirer quelques volatiles, habitants de ces régions désertiques.

1939 - 1952 • Le comte de Paris, aventures et retour au pays

1939 - 1952 • Le comte de Paris, aventures et retour au pays

1939 - 1952 • Le comte de Paris, aventures et retour au pays

Page de gauche :
SUR UN BAC AU SUD DE LISBONNE.
Ils reviennent de la chasse à courre. *De gauche à droite:* la princesse Thérèse d'Orléans-Bragance et sa sœur la comtesse de Paris. A leurs pieds, l'infant Juan Carlos, futur roi d'Espagne. A côté de lui la comtesse de Barcelone et, devant la vieille Olsmobile, la princesse Isabelle de France, fille aînée du comte de Paris.

EXPOSITION DES TRÉSORS DE LA MAISON DE FRANCE À LISBONNE.
La fin de la guerre a permis au comte de Paris de récupérer son héritage. Pour remercier le Portugal de son hospitalité, il en fit une exposition publique.
Ici, il montre à ses cousins la parure dite de Marie-Antoinette. *De gauche à droite :* la comtesse de Paris, la comtesse de Barcelone, le roi d'Italie Humbert II, le comte de Paris.

LE COMTE DE PARIS AVEC LE ROI LÉOPOLD III DE BELGIQUE *(à droite).*
L'ancien roi des Belges, qu'une violente crise politique et une menace de guerre civile ont chassé de son trône pour l'y remplacer par son fils Baudouin, a fait escale à Lisbonne. Son cousin le comte de Paris le raccompagne à bord.

1939 - 1952 • Le comte de Paris, aventures et retour au pays

LE COMTE ET LA COMTESSE DE PARIS À LA SORTIE DE LA CATHÉDRALE DE LISBONNE.
Ils ont été conviés à un service solennel en mémoire de la reine Amélie. Il porte l'habit et tient à la main le haut-de-forme réglementaire. Elle a endossé une veste chaude car l'hiver portugais peut être glacial, et s'est coiffé de la *peineta* et de la mantille espagnoles.

LES PRINCESSES DE SAVOIE-AOSTE AU SORTIR DE CAPTIVITÉ.
Elles ont rejoint à Naples la vieille duchesse d'Aoste, Hélène de France. De droite à gauche, Anne de France, veuve d'Amédée de Savoie, vice-roi d'Abyssinie, Marguerite de Savoie-Aoste, Hélène de France, duchesse d'Aoste, Irène de Grèce, femme d'Aymon de Savoie, duc de Spolète, Marie-Christine de Savoie-Aoste et le jeune Amédée de Savoie, actuel duc d'Aoste.

1939 - 1952 • **Le comte de Paris, aventures et retour au pays**

LE PRINCE HENRI DE FRANCE ARRIVANT À BORDEAUX POUR Y SUIVRE SES ÉTUDES. Héritier du comte de Paris, il fut de ce fait exilé dès sa naissance. Cependant, son père demanda au président Vincent Auriol de l'autoriser à poursuivre ses études en France, autorisation gracieusement accordée. Il descend d'avion suivi de son frère François.

1939 - 1952 • Le comte de Paris, aventures et retour au pays

LA COMTESSE DE PARIS
DÉGUISÉE EN MANDARIN.
Elle a revêtu la tenue de soie brodée d'or d'un haut dignitaire chinois, que lui a rapportée, de l'une de ses lointaines expéditions, son père le prince Pierre d'Orléans-Bragance. Elle pose devant le portrait de son ancêtre la duchesse d'Orléans, femme de Philippe Égalité, par Mme Vigée-Lebrun.

Page de droite :
LE PRINCE
JEAN D'ORLÉANS-BRAGANCE
ET LA PRINCESSE FATIMA TOUSSOUN
À RIO DE JANEIRO,
DEVANT LE «PAIN DE SUCRE» (1949).
Le prince Jean, frère cadet de la comtesse de Paris et pilote émérite, a été chargé d'ouvrir la ligne commerciale Rio de Janeiro-Le Caire. Partout fêté en Egypte, il a rencontré une femme d'une merveilleuse beauté, la veuve d'un membre de la famille royale égyptienne. Ce fut le coup de foudre, il l'emmena à l'étranger et l'épousa.

1939 - 1952 • Le comte de Paris, aventures et retour au pays

1939 - 1952 • Le comte de Paris, aventures et retour au pays

Ci-dessus :
MONIQUE D'HARCOURT, COMTESSE
ALFRED BOULAY DE LA MEURTHE,
SORTANT DE L'ÉGLISE
SAINT-AUGUSTIN.

LA DUCHESSE DE GUISE
AU MARIAGE DE SA PETITE-FILLE
MONIQUE D'HARCOURT (1948).
C'était la première de ses petits-enfants à se marier et la duchesse de Guise tint à faire le voyage pour assister à la cérémonie. À cette occasion les monarchistes lui manifestèrent qu'ils ne l'avaient pas oubliée. Ce fut aussi une des dernières fois où elle quitta Larache. Sur cette photo, elle sort de l'église au bras de son petit-fils, Michel de Grèce dont la mine trahit la rage de ne pas avoir été invité au lunch qui suivra la cérémonie.

1939 - 1952 • Le comte de Paris, aventures et retour au pays

LE COMTE DE PARIS DE RETOUR EN FRANCE. L'exil est fini. La « loi inique », comme l'appelait la duchesse de Guise, a été abrogée le 22 juin 1950. Après vingt cinq ans d'exil, le comte de Paris retrouve son pays et Paris.

Remerciements

Je remercie :

MONSEIGNEUR LE COMTE DE PARIS pour m'avoir autorisé à puiser dans ses archives photographiques, pour avoir bien voulu lire et corriger mes textes, pour avoir participé à chaque étape de la fabrication de cet album et pour m'avoir soutenu de ses conseils.

MADAME LA COMTESSE DE PARIS pour m'avoir ouvert ses albums et m'avoir aidé dans le choix des photos.

MADAME LA COMTESSE BOULAY DE LA MEURTHE pour m'avoir prêté de nombreuses photos.

SAR LE DUC DE WURTEMBERG pour m'avoir prêté les photos de ses aïeux.

SAIR L'ARCHIDUCHESSE MARGHERITA D'AUTRICHE pour m'avoir aidé à identifier les personnages de plusieurs photos.

MONSIEUR SUREAU, secrétaire général de la Fondation Saint-Louis et conservateur du château d'Amboise, pour m'avoir assisté dans mes recherches parmi les archives photographiques du comte de Paris.

VINCENT MEYLAN pour m'avoir suivi dans mes recherches et fait part de ses inépuisables connaissances.

MARINA ET PATRICK pour avoir relu mes textes et fait de nombreuses et judicieuses suggestions.

OLIVIER ET XAVIER pour avoir pris ce projet tant à cœur.

MADAME DE CRÉPY, pour avoir rapidement et efficacement tapé les différentes versions de ces textes.

JUSTIN CREEDY SMITH pour avoir fidèlement reproduit ces vieilles photos.

ANNE LECLERC, pour sa participation à l'élaboration de cet ouvrage, pour son assistance, pour sa patience.

FRANÇOIS HUERTAS pour avoir réalisé la maquette de cet ouvrage sans souci des heures supplémentaires ni des jours de congé, et pour avoir de surcroît agrémenté notre travail par d'inoubliables tortillas.

N° d'édition : 1217
Dépot légal : Août 96.
Photogravure Nord Compo.
Achevé d'imprimer par Mame Imprimeur à Tours

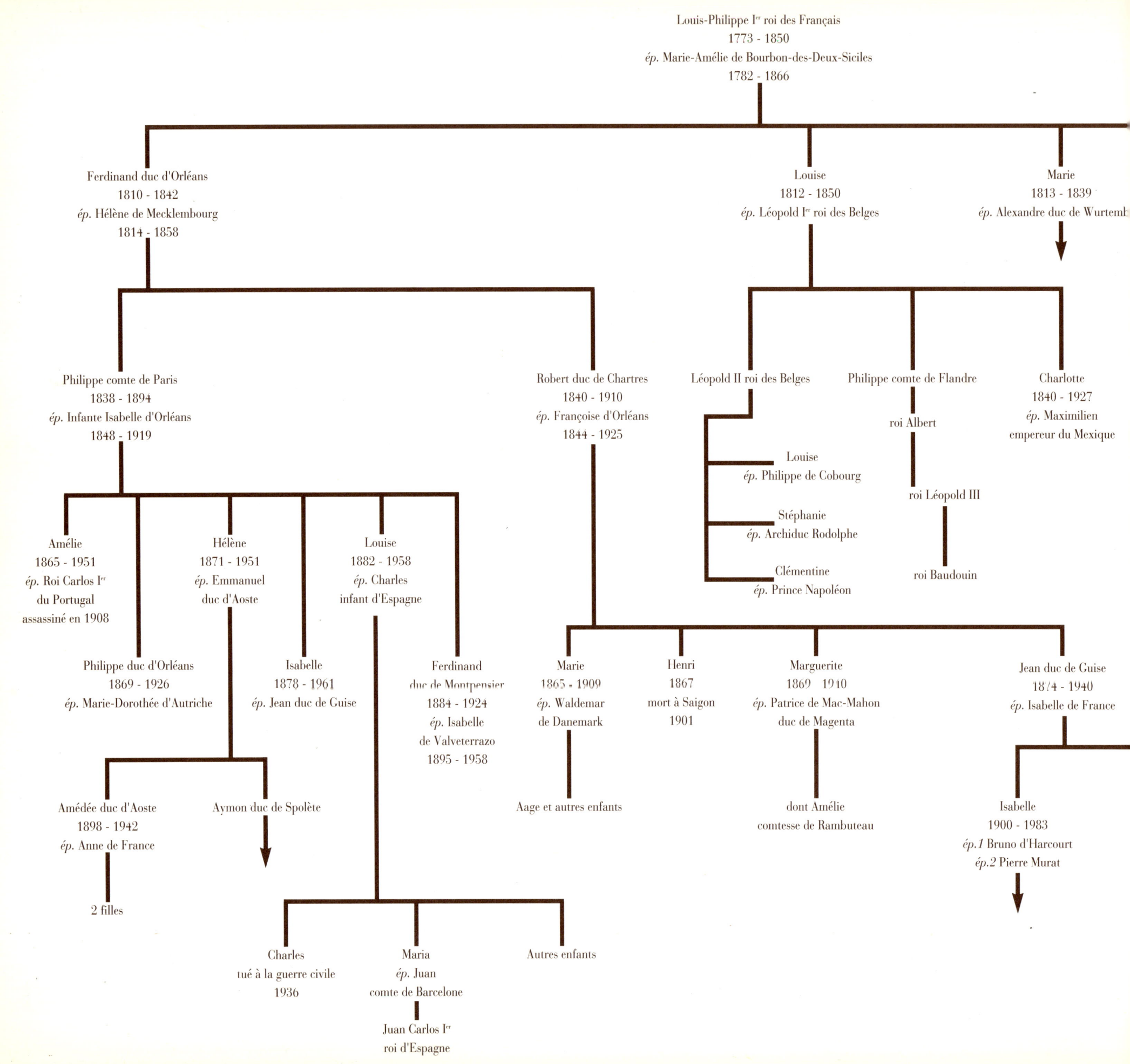